史料纂集

師郷記 第一

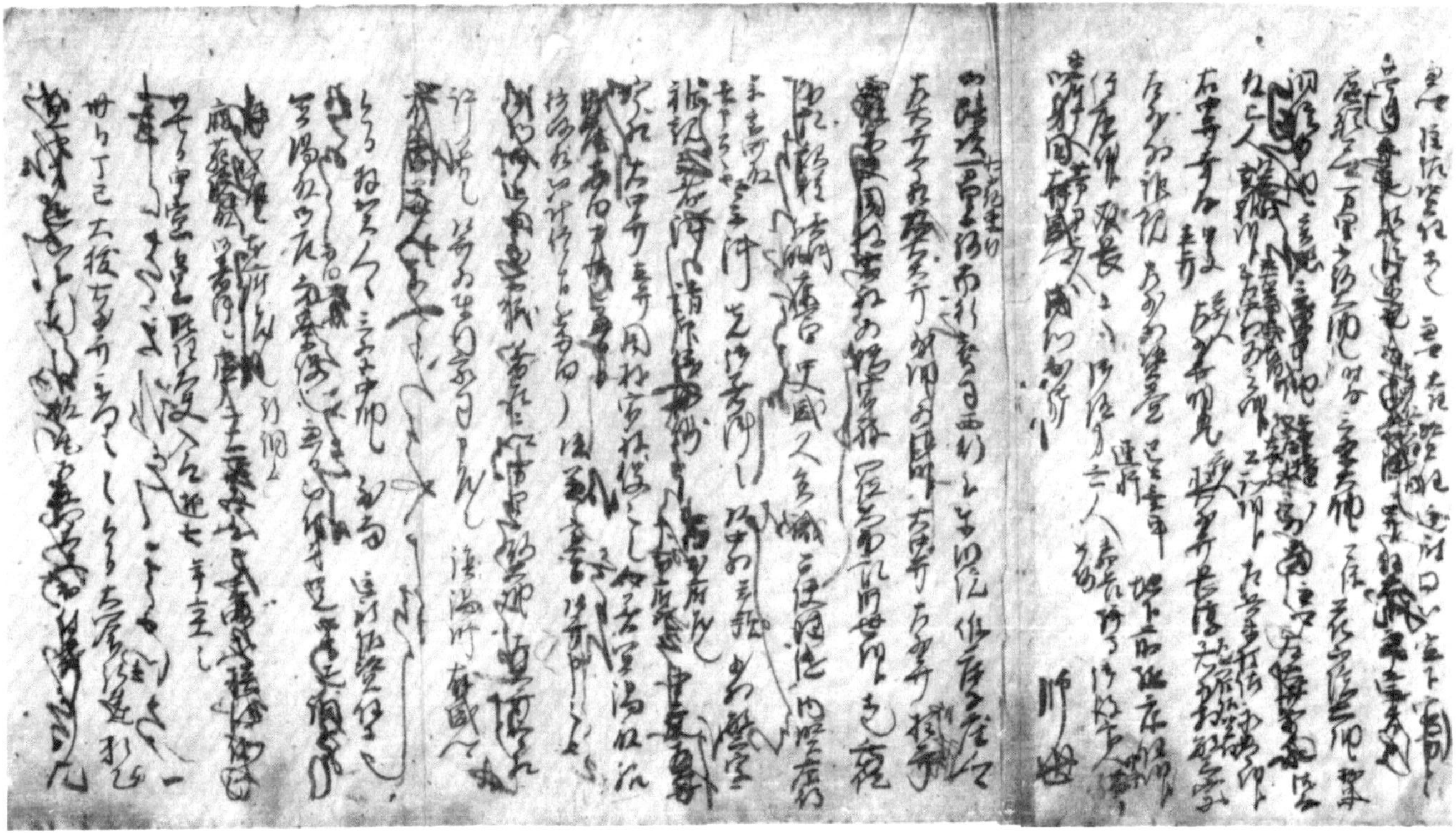

師郷記　永享四年六月二十四日～三十日條　　國立國會圖書館所藏

中原師世書状　永享三年紙背(六)（自三月一日 至同四日）

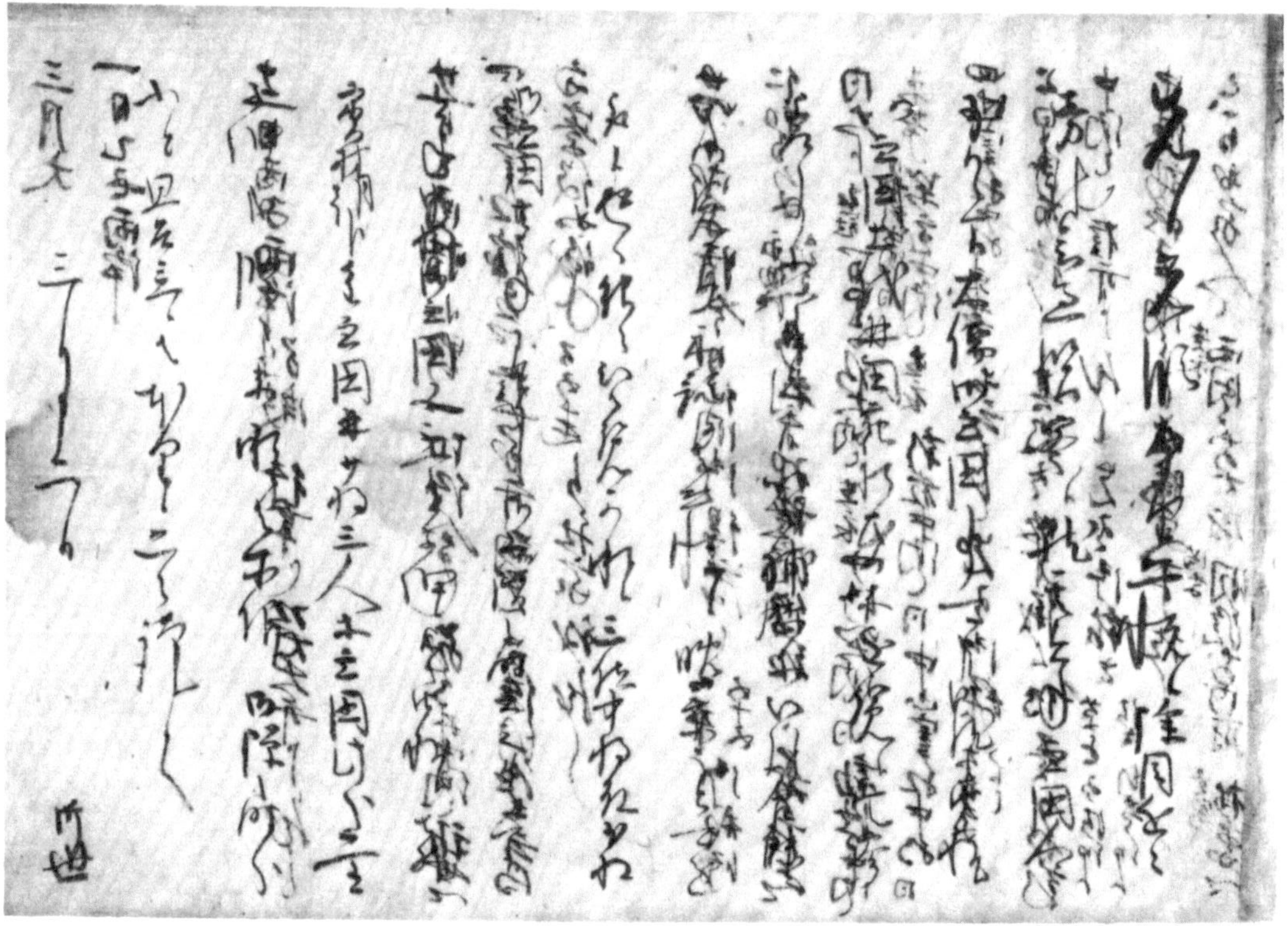

國立國會圖書館所藏

凡例

一、史料纂集は、史學・文學をはじめ、日本文化の研究上、必須缺くべからざるものでありながら、今日まで未刊に屬するところの古記錄・古文書の類を中核とし、更に既刊の重要史料の中で、現段階において、學術的見地から全面的に改訂を要すべきものに、新たに校訂を施してこれに加へ、集成公刊するものである。

一、本書は、大外記中原師鄉の日記で、原本は國立國會圖書館の所藏にかかる。

一、本書は、應永二十七年正月から、斷續して長祿二年二月までの分、現在の體裁で、三十五巻を存する。

第一巻　應永二十七年（正月閏）　十二月闕、

第二巻　同　三十二年（六月閏）

第三巻　同　三十五年（三月閏）　三・四・五・八月闕、

○四月二十七日改元「正長」

第四巻　正長二年　十一月闕、

○九月五日改元「永享」

第五巻　永享二年（十一月閏）

第六巻　同　三年　十二月闕、

第七巻　同　四年

第八巻　同　五年正・二月

第九巻　同　五年三月至十二月（七月閏）

第十巻　同　六年

第十一巻　同　七年

第十二巻　同　九年

第十三巻　同　十年正・二月

第十四巻　同　十年三月至十二月

第十五巻　同　十一年（正月閏）

第十六巻　同　十二年

第十七巻　同　十三年（九月閏）

○二月十七日改元「嘉吉」

第十八巻　嘉吉二年　十二月闕、
第十九巻　同　三年
第二十巻　同　四年（六月閏）
○二月五日改元「文安」
第二十一巻　文安二年正月至七月一日
第二十二巻　同　二年八月至十二月
第二十三巻　同　三年正月至五月
第二十四巻　同　三年六月至十二月
第二十五巻　同　四年（二月閏）
第二十六巻　同　五年
第二十七巻　同　六年正月至五月十五日
○七月二十八日改元「寶德」
第二十八巻　寶德二年正月至五月十六日
第二十九巻　同　三年正月至七月二十日
第三十巻　同　四年（八月閏）

〇七月二十五日改元「享德」

第三十一卷　享德二年
第三十二卷　同　三年
第三十三卷　同　四年（四月閏）

〇七月二十五日改元「康正」

第三十四卷　康正二年
第三十五卷　長祿二年正月至二月十九日（正月閏）

〇康正三年九月二十八日改元「長祿」

一、本册には、第一卷（應永二十七年正月）から、第七卷（永享四年十二月）までの分を收めた。
一、校訂上の體例については、本叢書では、その史料の特質、底本の性格・形態等により、必要に應じて規範を定めることがあり、必ずしも細部に亙つて劃一統一はしないが、本書における體例の基準は、凡そ次の通りである。
1　翻刻に當つては、つとめて原本の體裁を尊重する。
2　文中に讀點（、）・竝列點（・）を便宜加へる。
3　原本に、蟲損・磨損による缺損文字の存する場合は、□□によつて示し、缺損の推定字數によつて、その間隔を伸縮する。

缺損の外、墨色の状態等によつて判讀し難い場合は、□を以て推定字數を示した。

4　抹消文字には、左傍に抹消符（ミ）を附し、抹消文字が判讀し難い場合には、□とする。文字を抹消せず、その字の上に書き改めてある場合も、抹消して書き改めたものと見なす。

5　校訂註は、原本の文字に置き換へるべきものには〔　〕、参考又は説明のためのものには（　）をもつて括る。

6　缺損を示す［　］、難讀を示す□の右側に、推定文字、又は推定文字の下方に「ヵ」を附して註記した。

7　人名の註は大略次の通りである。

イ　第一・二巻は、表・裏共に各年の初出のものに附した。

ロ　第三巻以降は、各月の初出のものに附した。

ハ　官職名のみで記されたものは、適宜に註記を附した。

8　上欄には、検索の便を圖つて、本文中の主要な事項その他を、随時標出した。

一、本書の翻刻に當つては、つとめて原本の體裁・用字を殘したが、次の諸點は、印刷の便宜を以て、原形を改めた。

1 現在の巻次にしたがつて、各巻頭に〔　〕を用ゐて巻次を附した。

2 原本の記載は、第一・二巻が特殊であり、他巻は、殆んどが折紙形式の記の貼繼ぎである。ために、各巻首に、それ〴〵の註記を附し、第一・二巻は大略原本の體裁に倣つたが、折紙形式のものについては、體裁にとらわれず、書き繼いだ。

3 紙背は、若干の例外を除き、殆んど書狀であるが、本文には直接關りが無いため、各巻末に、〔紙背文書〕としてすべてを一括して收めた。

各資料には、通し番號の下に、その表に當る本文の日附を標記した。

例　(一)自正月一日至同五日裏

4 原本に用ゐられた異體・略體・慣用の文字は、大略原本通りとしたが、印刷の都合で、次のものは正體に統一した。

陰　会　関　釼　参　実　莭　〇弌　弌

原本通りの例は、次の通りであるが、兩様されてゐるものもある。

ア行　円　渕　欝

カ行　欵　舘　勲（勤）号

サ行　辞　写　尺（釋）処　叙　甞　条　烛　酔　整（整）総　蔵　属

タ行　断　点　灯

ナ行　祢

ハ行　秡（祓）　樻（櫃）　ア（部）　并　辺　弁　宝

マ行　万　斴（務）

ヤ行　弥　役（役）　与　余

ラ行　乱　莒（筥）　礼　厂　暦　烈（列）　庐（廬）　禄

假名はすべて通常のものに改めた。

一、本書の公刊に當つて、國立國會圖書館はこれを許可せられ、且つ種々の便宜を與へられた。又、東京大學史料編纂所はマイクロフイルムの利用を許可せられた。特に記して深甚の謝意を表する。

一、本書の校訂は、藤井貞文・小林花子の兩氏が專らその事にあたられた。併せて銘記して深謝の意を表する。

昭和五十九年十二月

續群書類從完成會

目次

師郷記　第一

〔第一巻〕

○料紙宿紙。豫め表に別筆大字にて、年中行事を記したものを一巻とし、表は行間に、裏には適所に細字にて記されてゐる。

應永廿七年

□〔正〕月

一日

四方拜　今日室町殿〔足利義持〕御參內幷御□　□

供御藥　　五位藏人

小朝拜

四方拜
足利義持參內

供御藥

小朝拜

元日節會
洞院満季任大納言拝賀

朝覲行幸

卯杖

叙位議
一條兼良任右大將

白馬節會
二條持基任左大臣

御齋會始

大元帥法始

女叙位

女王祿

圓宗寺等修正會

縣召除目延引

節會〈内弁洞院大納言満季卿今日拝賀着陣、〉　藏人左少辨

三日　朝覲行幸

卯杖

五日　叙位議〈初度　執筆一条大納言殿兼良卿、入眼上卿万里小路中納言時房卿、〉　頭右大辨

七日　白馬節會〈内弁右大臣殿（二條）持基公　左大將　今日御拝賀着陣、外弁中山大納言満親卿、〉　頭左中辨

八日　御齋會始　五位藏人

大元法始

女叙位〈□式年〉　藏人左少辨

女王祿

圓宗・法勝・尊勝・成勝寺等修正

十一日　除目〈延引、〉　頭右大辨

圓勝寺修正會
御齋會終
內論義
最勝光院八講始
宮內省薪
踏歌節會
射禮
賭弓
仁壽殿観音供
蓮華王院修正會
轉輪院國忌

圓勝寺修正
十四日　御齋會竟
內論義
㝡勝光院御八講始
十五日　宮內省御薪
主氷〔水〕司獻御粥
内弁内大臣右大將實〔西園寺〕永公、外弁廣橋大納言兼宣卿、
十六日　節會　　蔵人權右少辨
十七日　射礼
十八日　賭弓
仁壽殿観音供
蓮華王院修正
廿五日　轉輪院御國忌

後光嚴院國忌

廿九日　後光嚴院御國忌

撰吉日事

外記政始

吉書奏

吉書　奏

初御覽吉書

二月

祈年祭延引

四日　祈年祭延引、同十三日被行之、上卿權大納言公雅卿(正親町三條)・左中弁宗豐朝臣(葉室)・外記宗種(清原)・史〻〻、參行之、　頭右大辨

大原野祭延引

大原野祭延引、同十六日被行之、上卿今出川中納言公富卿・弁權右少弁俊國(坊城)・外記康富(中原)・召使等參行之、　頭左中辨

釋奠延引

八日　釋奠延引、　五位藏人

春日祭延引

九日　春日祭延引、廿一日被行之、上卿三条中納言公保卿(三條西)初度・弁右少弁房長(甘露寺)初度・使左少將爲之(冷泉)・外記親種(清原)・史盛久(安倍)・召使行秀(宗岡)等參向之、□内侍參之、　藏人權右少辨

鹿嶋使發遣

鹿嶋使發遣

平岡祭
率川祭
園韓神祭
後嵯峨天皇國忌
轉輪院修二會
安樂心院八講
圓宗寺最勝會始
後鳥羽天皇國忌
祈年穀奉幣
臨時仁王會

　　平岡祭
十日　率川祭
十一日　列見
十四日　園并韓神祭　　　蔵人右少辨
十七日　後嵯峨院御國忌
　　轉輪院修二月
十八日　安樂心院御八講
十九日　圓宗寺㝡勝會始
廿日　後鳥羽院御國忌
撰吉日事
　祈年穀奉幣　　　蔵人左少辨
　臨時仁王會

季御讀經
位祿定
御燈
藥師寺最勝會
長講堂八講始
法勝寺不斷念佛始
別殿行幸
石清水臨時祭
尊勝寺灌頂

季御讀經
位禄定

三月

三日　御燈　被行之、寮役五十疋被下行之、　頭左中辨

七日　藥師寺㝡勝會

九日　長講堂御八講始

十日　法勝寺不斷御念佛始

十四日　石清水臨時祭　十一日別殿　行幸、藏人(坊城俊國)權弁奉行、

十七日　國忌

廿一日　國忌

廿四日　尊勝寺灌頂　五位藏人

撰吉日事

京官除目
觀音灌頂
旬平座
裝束改
廣瀨龍田祭
宗像祭
後伏見天皇國忌
山科祭
灌佛

京官除目　頭右大辨

觀音灌頂

四月

一日　旬　藏人左少辨

平座、上卿三条中納言公保卿・少納言（清原）宗業眞人、弁權右少弁俊國・外記親種分配康富・史（高橋）範職等參陣了、

改御裝束

四日　廣瀨・龍田祭

五日　宗像祭

六日　後伏見院御國忌

七日　山料（科）祭

擬階奏

八日　灌佛

平野祭
松尾祭延引
杜本祭
當麻祭
春日臨時祭
梅宮祭
當宗祭
吉田祭
稲荷祭
大神祭
賀茂祭警固

〵上卿万里小路中納言時房卿・少納言・右中弁秀光（日野）・外記宗種・史範職・召使行寛（宗岡）參陣、分配上卿大炊御門大納言（宗氏）故障歟、

十〵日　平野祭　五位藏人

松尾祭延引、　頭左中辨

杜本祭

當麻祭

春日臨時祭

上卿權大納言公雅卿・弁、、、・外記親種以下參向之、

十一〵日　梅宮祭　藏人權右少辨

當宗祭

上卿大納言兼宣卿・弁右中弁秀光朝臣昨日四品也・外記宗種・史範職・召使行寛等參行之、内侍同被參之、

十四〵日　吉田祭　頭右大辨

十七日　稲荷祭〵五日被（行脱カ）之云々、

大神祭

廿一〵日　警固

日吉祭
賀茂祭
中山祭
解陣
後圓融院國忌
法勝寺三十講始
左近府荒手結
右近府荒手結
主殿寮菖蒲葺
左近府騎射
圓宗寺八講始

上卿久我中納言清通卿・弁右中弁秀光朝臣・外記親種・史盛久・召使行繼（宗岡）等參行、

廿二日　日吉祭　蔵人權右少辨

當年有興行沙汰、上卿參向之、

廿三日　賀茂祭　五位藏人

中山祭

廿四日　解陣

廿六日　後圓融院御國忌

五月

一日　法勝寺卅講始

三日　左近府荒手結（結）

四日　右近府荒手結（結）

主殿寮葺殿舍菖蒱（蒲）

五日　左近府騎射

圓宗寺御八講始

右近府騎射
後三條天皇國忌
後高倉院國忌
最勝講
賑給定
延暦寺六月會
御體卜奏なし
月次祭
神今食

六日　右近府騎射
七日　後三條院御國忌
十四日　後高倉院御國忌
撰吉日事
　最勝講
　賑給定
　着駄改　頭右大辨

六月
右少弁房長參向之云々、今日醴酒如常、
一日　延暦寺六月會　藏人左少辨
无之、
十日　御躰御卜　奏　頭右大辨
十一日　月次祭　五位藏人
　神今食

祇園會喧嘩
祇園臨時祭
光明院國忌
最勝寺八講
大祓
節折
施米定
鳥羽天皇國忌

進□之
如例於祇園有喧嘩、与宮仕駕輿丁鬪諍云々、
十四日　祇園御靈會
被行之、使從五位下菅在實(唐橋)云々、御訪三十五疋下行之、
十五日　同臨時祭　　頭左中辨
廿一日　國忌
廿四日　光明院御國忌
廿八日　㝡勝寺御八講
權右少弁俊國・外記宗種參向之、寮役卅疋被下行、節折・大秡兩方分也、
晦日　大秡　　藏人左少辨
節折
撰吉日事
施米定

七月
二日　鳥羽院御國忌

法勝寺八講始

三日　法勝寺御八講始

廣瀬龍田祭

四日　廣瀬・龍田祭

乞巧奠

七日　乞巧奠御訪四十三疋被下行、　藏人中務丞

光嚴院國忌

光嚴院御國忌

文殊會

八日　文殊會

最勝光院八講始

冣勝光院御八講始

後深草天皇國忌

十六日　後深草院御國忌

十八日　贈后御國忌

尊勝寺八講

十九日　尊勝寺御八講

撰吉日事

八月廿五日被行之、委細見奉幣次第記、

祈年穀奉幣

祈年穀奉幣　五位藏人

臨時仁王會

臨時仁王會

釋奠日蝕延引
日蝕不現
近衛猪隈邊燒亡
北野祭
臨時祭
石清水放生會
駒引
成勝寺八講始
足利義持石清水參籠
內侍所臨時御神樂

八月

一日　釋奠　　藏人權右少辨

依日食延引、日食寮役自藏人方百疋渡之、莚八十枚進上之、
可爲中丁之由被仰下之、今日日食不已現、雨降及晩屬晴、　今夜近衛猪隈邊燒亡、

四日　北野祭　　五位藏人

臨時祭被行之、使菅原在豐(唐橋)云々、奉行藏人權弁俊國、寮役五十疋被下之、

十一日　定考

上卿久我中納言清通卿、參議三条坊門宰相中將通淳(中院)朝臣、弁左中弁宗豐朝臣、右中將長資(田向)朝臣、外記師野(中原)、史範職、召使行繼、官掌成茂(紀)云々、

十五日　石清水放生會　　藏人左少辨

見散狀了、

十六日　駒牽　　頭左中辨

上卿權大納言滿親(中山)卿・參議宣輔(中御門)卿・弁左中弁宗豐朝臣・少納言長廣(高辻)朝臣・次將基世(持明院)朝臣園少將・外記康富・召次行秀等參陣云々、

廿三日　成勝寺御八講始

奉行職事頭中將定親(中山)朝臣、

廿六日　國忌

廿九日　室町殿自八幡還御、七日御參籠也、

撰吉日事

內侍所臨時御神樂　　頭右大辨

季御讀經
御燈
東大寺轉害會
伏見天皇國忌
不堪田奏
重陽平座
例幣
龜山天皇國忌
春日若宮祭
法勝寺念佛始

季御讀經

九月

奉行職事頭中將定親朝臣、寮役五十疋被下行之、

三日　御燈　頭右大辨

東大寺轉害會

伏見院御國忌

七日　不堪田奏

上卿万里小路中納言時房卿、參議不參、少納言宗業眞人・弁權右少弁俊國奉行職事・外記師野・史盛久等參陣云々、

九日　平座　五位藏人

上卿權中納言（裏辻）實秀卿・弁右少弁房長・外記親種・史盛久・召使行繼・官掌、、參行、內侍同被參之、

十一日　例幣　藏人左少辨

十五日　龜山院御國忌

十七日　春日若宮祭　藏人權右少辨

廿二日　法勝寺御念佛始

旬平座
裝束改
弓場始
興福寺維摩會
土御門天皇國忌
東寺灌頂
法勝寺大乘會始
大粮申文

廿九日　國忌

十月

一日　旬　　頭左中辨

改御裝束

五日　弓場始

七日　國忌

十日　興福寺維摩會

十一日　土御門院御國忌

十三日　東寺灌頂

十四日　法勝寺大乘會始

撰吉日事

大粮申文

十一月

暦奏なし

一日　御暦〔无之、〕奏　五位蔵人

宗像祭

二日　宗像祭

山科祭

四日　山科〔科〕祭

上卿権中納言實秀卿・弁左中弁宗豊朝臣・外記師野・史範職・召使行繼等參行之、内侍不參之、内侍不參例、

平野祭

七日　平野祭　蔵人権右少辨

上卿万里小路中納言時房卿・弁権右少弁俊國・外記康冨・史貝職（高橋）・召使行秀等參向之、使左中將雅清朝臣（飛鳥井）、

春日祭

春日祭　頭左中辨

杜本祭

杜本祭

當麻祭

當麻祭

松尾祭

八日　松尾祭　五位蔵人

上卿不參、弁右少弁房長・召使行繼等參向之、内侍不參云々、

梅宮祭

梅宮祭　蔵人左少辨

率川祭

率川祭

當宗祭
中山祭
花園天皇國忌
園韓神祭
五節舞姫參入
鎭魂祭
新嘗祭
豐明節會
女王祿
吉田祭

當宗祭
中山祭
十一日　花園院御國忌
上卿不參、右少弁房長一人參行、外記・史不參、
十二日　園并韓神祭　頭左中辨
五節舞姫參入　五位藏人
十三日　鎭魂祭　藏人權右少辨
參議(柳原)行光朝臣參之、外記親種雖參遲參之間不及從其役云々、
十四日　新嘗祭
丙合
上卿三条中納言(公保卿)、弁(マヽ)　少納言(東坊城)長政朝臣・外記宗種・史員職・召次行繼等參行、參議(勸修寺)經興朝臣、
十五日　豐明節會
上卿不參、參議宣輔卿、弁不參歟、外記宗種、史員職、少納言長廣朝臣以下參陣、
十六日　女王祿
上卿万里小路(日野)中納言有光卿、弁(マヽ)　外記宗種・史員職等參行云々、
十九日　吉田祭　頭右大辨

日吉祭

日吉祭　頭右大辨

賀茂臨時祭

廿日　賀茂臨時祭

大原野祭

廿三日　大原野祭　藏人左少辨

上卿洞院大納言（滿季卿）・弁左少弁宣光（廣橋）・外記親種・召使行光等參行之、內侍同參行云々、

十二月

三日　國忌

大神祭

九日　大神祭

御體卜奏

十日　御躰御卜　奏　藏人權右少辨

月次祭

十一日　月次祭　藏人權右少辨

神今食

神今食

十三日　荷前擬侍從定

佛名

十九日　佛名

追儺
大祓
節折
內侍所御神樂
荷前
圓宗寺法華會
歲末御修法
煤拂

廿四日　御髮上　藏人中務丞
晦日　追儺　五位藏人
大祓
節折
撰吉日事
內侍所御神樂　藏人左少辨
荷前
着駄改
圓宗寺法華會
歲末御修法
御煤拂

〔第一卷應永廿七年紙背〕

〔正月〕

大原野祭

大原野祭、上卿不參、〻議行事例、

應保、、二月六日丁卯、大原野祭、上卿左衞門督（德大寺公光）所勞、大宮宰相隆房（四條）（季）行之、藏人左少弁長方（藤原）、內侍丹後云〻、

閏正月

任大臣節會

小除目

十三日、任大臣節會、內弁正親町大納言公雅卿（正親町三條）、外弁久我中納言清通卿、其外公卿見散狀、則被行小除目、上卿同內弁、任人見聞書、

寶幢寺供養

二月九日、寶幢寺供養、其儀注別記、寮役五百疋被下行之、自惣門至佛前敷之、薦五十枚導師莚道、參役寮官冠淨衣二人、直垂、內侍一人、召進之、折薦也、寺家悉止之、布端行繼（宗岡）奉行也、同止寺家云〻、

釋奠
尚書

釋奠事十八日被行之、上卿不參、〻議長遠卿(東坊城)、少納言宗業眞人(清原)、弁(マ、)兩局五位不參、六位外記宗種(清原)、史量職(高橋)、召使行秀(宗岡)、題者文章博士在直朝臣(唐橋)、序者文章博士有長(菅原)、座主助教師世(中原)、講師從五位下益長(東坊城)、講書尚書、題云惟德動天、文人少納言長廣朝臣(高辻)・大內記元長(東坊城)朝臣・右兵衛佐爲清朝臣(五條)等參行云〻、

北野社一切經會
足利義持內々見物

三月廿一日、北野一切經會也、御勤會之儀、上卿廣橋大納言兼宣卿、參議長遠卿、弁右中弁秀光(日野)以下三人參着、召使行繼參之、室町殿(足利義持)內〻御見物、當寮役百五十疋被下行之、緣緣半帖・三帖下敷薦以下如例、寮官直垂立帽子參之、圖書寮座小莚一枚渡之云〻、

縣召除目始

三月廿三日、縣召除目始、執筆右大臣實永(西園寺)公、奉行頭右大弁盛光(日野西)朝臣、當局予奉行、莒文公卿見散狀、

縣召除目中夜

同廿四日、中夜、然而依執筆歡樂被申延了、

縣召除目終夜

同廿五日、中夜滿也、

縣召除目入眼

同廿六日、入眼、陣上卿洞院大納言滿季卿、

今度依大臣執筆、御前座兩面疊之、例年御訪百十疋、兩面分九十疋、勘定二百疋下行了、

足利義持淸和院に參籠

四月十三日、今日室町殿御參籠淸和院、十九日還御、寺領《近江》一所御寄進云々、

崇賢門院御所に如法念佛足利義滿追善の爲なり

十五日、自今日、於崇賢門院(後光嚴院後宮)勘解(由脫カ)小路烏丸御所被行如法念佛、鹿苑院殿(足利義滿)御追善也、

相國寺に大施餓鬼

十六日、今日於相國寺被行大施餓鬼之、

仙洞に於て御懺法あり足利義滿十三迴忌

十七日、自今日、於仙洞被行御懺法、是鹿苑院殿御十三迴御佛事也、初中後有御樂、參座公卿廣橋大納言兼宣卿・日野中納言有光卿兩人云々、

祈雨奉幣

祈雨奉幣外記不參例

十九日、祈雨奉幣也、上卿今出川中納言公富卿、職事頭右大弁盛光朝臣、弁權右少弁俊(坊城)國、外記不參、史範職(高橋)、局代分配外記康富(中原)依時暇故障、直相請六位史云々、

日吉祭

廿二日、日吉祭事、今年有興行之儀、上卿參向、去康曆二年十二月十五日神輿造替初度、仍上卿平中納言行知卿(安居院)參向、其以後中絶歟、凢於上卿參向之、嘉元初例也、其後度々參行云々、當寮役五十疋被下行、廿疋例年分、卅疋京官參役御訪申沙汰了、

祈雨奉幣

仙洞七佛藥師法結願 大阿闍梨妙法院堯仁法親王

祈雨奉幣

月次神今食

別殿行幸

祈雨

奈良降雨

五月六日、今日被行祈雨奉幣、上卿中山大納言滿親卿、

六月二日、今日於仙洞被行七佛藥師法結願也、自去月廿四日被始行之、大阿闍梨妙法院(堯仁法親王)二品親王令行給云々、今日於仙洞可令叙一品給之由、直被申之云々、別而無 宣下之儀、 宣下有無被尋例、有御沙汰之子細歟、今日被行祈雨奉幣、上卿、、、外記師野(中原)、

同三日祈雨奉幣也上卿中山大納言滿親卿、

六月十一日、月次・神今食也、上卿權大納言隆直(四條)卿丙合、參議行光(柳原)朝臣左大弁、卜合、少納言宗業眞人卜合、弁右少弁房長(甘露寺)奉行職事、卜合云々、權大外記師野月次分配、史紀職豐、召使行繼、內侍勾當云々、每事任例、掃部寮役御訪三百疋如例、

同十二日、別殿行幸、奉行頭中將定親(中山)朝臣、寮役如例、

同廿八日、依祈雨、被仰南都、以興福寺僧六十口、於寮生龍衆有御讀經、其日晚景、自南辰巳方黑雲起、雷鳴數聲、聊雨降、御祈禱効驗也、後聞、南都內甘雨滂沱云々、

神泉苑に祈雨
禪信勤仕

同卅日、神泉苑掃除之、但勅使・藏人不參向、各依故障之云〻、

七月〽二日、今日先被勘日時、上卿中山大納言滿親卿〔北畠隆直〕、職事藏人右少弁房長、外記不參史之〔不參、左大史〕爲緒（小槻）宿祢、六位範職、陰陽頭已下事可尋注之〔（土御門）泰繼朝臣□□之五ヶ日〕、僧名定同前、陣執筆參議經興（勸修寺）朝臣大理、

自今日、於神泉苑、依祈雨被修孔雀經御讀經、阿闍梨三寶院滿濟僧可勤仕歟、雖被仰故障之間、眞光院外僧正（禪信）洞院大納言滿季卿舍弟云〻、爲大阿闍梨、請僧十六口、勅使藏人權右少弁俊國、六位史範職、官掌不參、入相被始行、蔀屋一宇・垣屋一宇建之、掃部寮役座・導師座兩面半帖一帖、自余諸司半帖也、緑縁半帖十五帖、黄縁十五帖、葉薦卅枚、爲佛腹小莚一枚用意之、御訪五百卅疋此内寮官御訪百疋、自仙洞被下行之、

同〽三日、今日諸僧十八口、勅使同昨日云〻、

同〽四日、今日〔自〕、諸僧廿口、勅使藏人右少弁房長奉行職事、

同〽五日、今日諸僧同昨日云〻、勅使左中弁宗豐（葉室）朝臣、

同六日、今日結願也、請僧同昨日、勅使同昨日云〻、酉剋結願、迯返御願無爲無事、珍重〻〻、今朝範職來申云、六位史座初日敷之、其後不被敷、尤可被敷之由令申之間、史座半帖可敷之由、下知寮官了、

足利義持北野社參籠

廿三日、自今日、室町殿御參籠北野、

同廿九日、御還向、直御院參內云〻、御局へ御參云〻、

別殿行幸

八

七月廿六日、別殿　行幸、奉行藏人左少弁宣光(廣橋)、然而當日儀權弁俊國申沙汰之、寮役如例、

〔九月〕

足利義量病氣平癒を伊勢神宮に祈願す

九日、今日自御方御所(足利義量)爲御祈卅三人神宮被進、御太刀各二振被獻之云〻、

別殿行幸

十日、別殿行幸、奉行藏人右少弁房長、寮役卅五疋如例、

醫師高間陰陽助賀茂定棟を召捕る

十日、今日室町殿御藥師高間被召誡、依有希代之說也、陰陽助賀茂定棟同被召誡、同罪云〻、此御違例、奉呪咀之由有其聞云〻、

五壇法始行

天曹地府祭泰山府君祭延引

例幣

足利義持の病氣平癒のため八幡一社奉幣

內侍所臨時御神樂

旬平座

自今日、被始行五壇法之、今日諸社被獻神馬云々、
又被仰宮內卿在方（賀茂）朝臣、被行天曹地府祭之、又被仰縫殿頭安倍泰定、被行泰山府君祭之、
但延引、十四日被行歟、
十一日、例幣、寮役三百疋、又御拜御座・莚道等分三十疋、自仙洞被下行也、每年之儀也、
九月十五日、八幡一社奉幣也、爲室町殿御違例、御祈禱被行之、委細在記錄出奉幣文書、
（押紙）「內侍所臨時御神樂之事、所作人壹人參候事、寮役事也、」
廿八日、內侍所臨時御神樂也、奉行頭中將定親朝臣、寮役三百卅疋被下行之、仍例兩面御疊緣・緣薄疊三帖・小莚一枚進上之、此外自仙洞被下御注文必定、沙汰進之、所作人綾小路前宰相信俊卿一人參之云々、行幸莚道所作人返宴等如例、

十月

一日、平座也、上卿不參、仍參議左大弁行光朝臣參陣、少納言宗業眞人・左中弁宗豐朝臣・外記親種（清原）・史員職（高橋）等參陣之、奉行頭中將定親朝臣也、

別殿行幸

廿六日、別殿　行幸也、奉行藏人右少弁房長也、莚道御訪卅五疋如例、

足利義持七佛藥師法結願

十一月一日、今日室町殿七佛藥師法結願也、着座公卿濟々云々、岡崎殿(桓教)令勤阿闍梨給之、

足利義持平癒後湯始

十一月七日、今日室町殿御違例以後御湯也、珍重々々、禁裏・仙洞以下御馬以下被進也、諸大名同前、尤爲天下大慶也、

同十日、御修法結願也、仁王經法水本(桓教)僧正於御所被行之、着座公卿已下濟々云々、

新嘗祭

十四日、新嘗祭、參議大理經興卿被參入之處、於路次下部丙穢之由、俄令申之、仍不及參役、自路次退出云々、事子細物忩歟、相尋神祇官如此被沙汰云々、

桓教准后宣下

十一月廿日、今日被行准后　宣下、上卿万里小路中納言時房卿、弁奉行職事權右少弁俊國、官方、兼行大外記師(中原)胤、少外記宗種、六位史員職内藏代、大内記不參、中勢權大輔賴賢等參陣、陰陽頭不參、日時勘文内々進之、

酉剋被始行、日暮程陣儀入眼、則成　宣旨、持參山岡崎御坊、入夜於御坊中門廊、申次以、、僧都進年官・年爵　宣旨、入莒進之、頂之、申次出返賜莒、可有御對面云々、則

桓教准后年官年爵

令出合寢殿南面、予於中門廊簀子敬屈、御對面之後、以申次大刀一振給之、勅書賴賢持參、其儀不見、

封戸　宣旨、六位史員職翌朝持參云々、仰詞云、以前大僧（正脱カ）桓教准三宮宜賜年官・年爵云々、每度之儀也、今度封戸千戸之由被載　勅書了、室町殿御不例之砌、被勤七佛藥師法大阿闍梨、（爲）其賞御執奏云々、

〔第二卷〕

○料紙宿紙。豫め表に別筆大字にて、年中行事を記したものを一卷とし、表は行間に、裏には適所に細字にて記されてゐる。

應永三十二年

正月

四方拜なし

一日〱　四方拜 无之、　蔵人右少辨

供御藥

〱　供御藥　蔵人右少辨

小朝拜

〱　小朝拜

内弁久我大納言清通卿、外弁藤大納言隆光卿（武者小路）、今日關白殿（二條持基）御拜賀、

元日節會

〱　節會　蔵人權右少辨

朝覲行幸

三日　朝覲　行幸　蔵人左少辨

敍位議

〃五日　叙位議　頭左中辨

執筆内大臣（洞院）満季公、入眼上卿按察大納言（土御門）資家卿、

白馬節會

〃七日　白馬節會　藏人左少辨

内弁右大臣殿（一條）兼良公、外弁權大納言（裏辻）實秀卿、

御齋會始

〃八日　御齋會始　藏人右少辨

大元帥法始

〃　太元法始

女敍位なし

〃　女叙位　藏人權右少辨

无之、

女王祿

女王禄

卯杖

卯杖　藏人式部大丞

圓宗寺等修正會

圓宗・法勝・尊勝・成勝寺等修正

縣召除目

〃十一日　除目　頭左中辨

自廿八日被行之、

圓勝寺修正會

圓勝寺修正

御齋會終
內論義
最勝光院八講始
宮內省薪
踏歌節會
射禮なし
賭弓
仁壽殿観音供
蓮華王院修正會
轉輪院國忌

十四日　御齋會竟
內論義
㝡勝光院御八講始
十五日　宮內省御薪
主氷〔水〕司獻御粥
十六日　節會　頭右中辨
（內弁一位大納言兼宣〔廣橋〕卿、外弁按察大納言資家卿、）
十七日　射礼
（无之、）
十八日　賭弓
（同、）
仁壽殿観音供
蓮華王院修正
廿五日　轉輪院御國忌

後光嚴院國忌

廿九日　後光嚴院御國忌

吉書奏

撰吉日事

外記政始　頭右中辨

吉書　奏

初御覽吉書　頭左中辨

二月

大原野祭

二日　大原野祭　藏人權右少辨

內侍不參例、

上卿大炊御門中納言信宗卿、弁藏人權右中弁俊國（坊城）

祈年祭

四日　祈年祭　頭右中辨

上卿藤大納言隆光卿・弁右少弁經直・外記師野（中原）・召使行繼（宗岡）參行之、內侍□□之、寮役三百疋如例、

釋奠停止

六日　釋奠　藏人左少辨

延引、

停止了、注裏、

春日祭

七日　春日祭　頭左中辨

上卿日野新中納言盛光卿（日野西）・弁右少弁經直（勸修寺）・使左中將隆夏朝臣（四條）・外記親種（清原）・史盛久（安倍）・召使行秀（宗岡）等參向之、

鹿嶋使發遣
平岡祭
率川祭
園韓神祭
後嵯峨天皇國忌
轉輪院修二會
安樂心院八講
圓宗寺最勝會始
後鳥羽天皇國忌
祈年穀奉幣

鹿嶋使發遣
平岡祭
八日　率川祭
十一日　列見
十二日　園幷韓神祭　蔵人右少辨
十七日　後嵯峨院御國忌
轉輪院修二月
十八日　安樂心院御八講
十九日　圓宗寺㝡勝會始
廿二日　後鳥羽院御國忌
撰吉日事
祈年穀奉幣　蔵人右少辨

臨時仁王會
季御讀經
位祿定
御燈なし
藥師寺最勝會
長講堂八講始
法勝寺不斷念佛始
尊勝寺灌頂

臨時仁王會
季御讀經
位祿定
三月
三日　御燈　頭左中辨
（被停止之、穢中之故歟、）
七日　藥師寺冣勝會
九日　長講堂御八講始
十日　法勝寺不斷御念佛始
十七日　國忌
廿一日　國忌
廿四日　尊勝寺灌頂

石清水臨時祭　　藏人左少辨

撰吉日事

京官除目　　頭左中辨

觀音院灌頂

四月

上卿不參、々議（海住山）清房卿奉行・弁右少弁經直・少納言（清原）宗業眞人・外記親種・史盛久等參陣云々、

一日　旬　　藏人權右少辨

改御裝束

四日　廣瀨・龍田祭

五日　山科〔科〕祭

六日　後伏見院御國忌

七日　擬階　奏

石清水臨時祭　京官除目　觀音院灌頂　旬平座　裝束改　廣瀨龍田祭　山科祭　後伏見天皇國忌

平野祭延引
松尾祭
杜本祭
當麻祭
春日臨時祭
灌佛
梅宮祭
當宗祭
稲荷祭
大神祭
宗像祭

延引了、廿日遂行之、臨時祭同被行云々、寮役滿〔析〕足百疋被下之、如例、

八日　平野祭　　蔵人右少辨

右〔左〕中弁房長〔甘露寺〕參行之、寮役廿疋下行之、

松尾祭　　蔵人左少辨

杜本祭

當麻祭

春日臨時祭

灌佛

九日　梅宮祭　　蔵人右少辨

上卿裏辻大納言實秀卿・弁左中弁房長奉行・外記親種・召使行繼等參行之、寮役十七疋下行之、

當宗祭

十五日　稲荷祭

大神祭

宗像祭

賀茂祭警固

日吉祭

賀茂祭

中山祭

解陣

吉田祭

後圓融院國忌

法勝寺三十講始

左近府荒手結

十九日〽警固
上〽卿三条中納言公保卿(三條西)・弁藏人右少弁經直・諸衛右中將有定朝臣(六條)・六位藏人左近將監爲治(源)等參陣之、外記親種、

廿日〽日吉祭　頭左中辨
上〽卿勸修寺中納言經興卿・弁左中少弁房長藏人・外記一﨟宗種(清原)・史盛時(安倍)・召使行秀等參向之、寮役廿疋、又上卿座以下卅疋被下之、

廿一日〽賀茂祭　藏人權右少辨
注裏了、

中山祭

廿二日〽解陣
上〽卿大炊御門中納言信宗卿、

廿四日〽吉田祭　藏人左少辨
上〽卿勸修寺中納言經興卿・左少弁資親(日野)・外記宗種・史、、・召使行秀等參行、辰一點被行之、

廿六日〽後圓融院御國忌

五月

一日　法勝寺卅講始

三日　左近府荒手結(結)

右近府荒手結
四日　右近府荒手結〔結〕

主殿寮菖蒲葺
主殿寮菁殿舎菖蒱〔蒲〕

左近府騎射
五日　左近府騎射

圓宗寺八講始
圓宗寺御八講始

右近府騎射
六日　右近府騎射

後三條天皇國忌
七日　後三條院御國忌

後高倉院國忌
十四日　後高倉院御國忌

撰吉日事

最勝講
㝡勝講　蔵人右少辨

賑給定
賑給定

着駄改　蔵人權右少辨

六月

延暦寺六月會
御體卜奏なし
月次祭
神今食
祇園御靈會
祇園臨時祭
光明院國忌
最勝寺八講
大祓
節折

一日　延暦寺六月會　藏人權右少辨

十日　御躰御卜　奏　无之、

十一日　月次祭　藏人右少辨　被行之、

神今食

十四日　祇園御靈會　被行之、使菅侍従益長（東坊城）勤之、寮役如去年、

十五日　同臨時祭　藏人權右少弁

廿一日　國忌

廿四日　光明院御國忌

廿八日　㝡勝寺御八講　被行之、右中弁俊國參行之云々、内侍不參歟、

晦日　大秡　藏人右少辨

節折　兩樣御訪卅疋如例、　藏人式部大丞

施米定
鳥羽天皇國忌
法勝寺八講始
廣瀨龍田祭
乞巧奠
光嚴院國忌
文殊會
最勝光院八講始
後深草天皇國忌

撰吉日事

施米定

七月

二日　鳥羽院御國記〔忌〕

三日　法勝寺御八講始

四日　廣瀨・龍田祭

被行之、寮役如例、四十七疋被下之、

七日　乞巧奠　　藏人式部大丞

光嚴院御國忌

八日　文殊會

寂勝光院御八講如〔始〕

十六日　後深草院御國忌

足利義持祇園御輿迎見物
尊勝寺八講
祈年穀奉幣
臨時仁王會
稱光天皇不豫釋奠延引
北野祭延引
石清水放生會
駒引

今日御靈御輿迎如例年、（足利義持）室町殿御出、有御見物云々、

十八日　贈后御國忌

十九日　尊勝寺御八講

撰吉日事

祈年穀奉幣　藏人左少弁

臨時仁王會

八月

一日（十一日被行之、延引、依禁裏（稱光天皇）御不豫歟、北野御輿迎延引、同前云々、）　釋奠　藏人權右少弁

四日（延引、）　北野祭　藏人左少弁

十一日　定考

十五日（被行之、委細注之、）　石清水放生會　藏人右少弁

十六日（被行之、）　駒牽　藏人左少弁

成勝寺八講始
內侍所臨時御神樂
季御讀經
御燈なし
東大寺轉害會
伏見天皇國忌
不堪田奏
重陽平座

廿三日　成勝寺御八講始
上卿裏辻大納言實秀卿・參議隆盛卿（四條）・少納言長政（東坊城）、宗業朝臣・弁左中弁房長・外記康富（中原）、左少將隆遠（鷲尾）等參陣云々、
廿六日　國忌
撰吉日事
內侍所臨時御神樂　頭右中弁
季御讀經　藏人左少弁
九月
三日　御燈　頭右中辨
停止了、
東大寺轉害會
伏見院御國忌
七日　不堪田奏
上卿按察大納言資家卿・參議清房卿・少納言長廣朝臣（高辻）・弁左中弁房長・外記宗種・史盛久等參陣、寮役如例、
九日　平座　藏人左少辨

例幣延引

十一日（依燒亡穢延引、）例幣　藏人右少弁

龜山天皇國忌

十五日　龜山院御國忌

春日若宮祭

十七日　春日若宮祭　頭左中弁

法勝寺念佛始

廿二日　法勝寺御念佛始

廿九日　國忌

十月

旬平座

一日（平座、弁不參、上卿花山院中納言持忠卿、參議隆盛卿、少納言宗業（清原）眞人、弁不參之、外記康富・官大史員職（高橋）等參陣云々、）旬　頭右中弁

裝束改

改御裝束

弓場始

五日　弓場始

七日　國忌

興福寺維摩會延引

十日（延引之、）興福寺維摩會

土御門天皇國忌
東寺灌頂
法勝寺大乘會始
大粮申文
暦奏なし
平野祭延引
春日祭延引
杜本祭
當麻祭

十一日　土御門院御國忌
十三日　東寺灌頂
廿四日　法勝寺大乘會始 藏人右中弁俊國參行之、
撰吉日事
大粮申文
十一月
一日 无之、
御暦奏　藏人左少弁
平野祭 延引、十三日被行之、　頭右中弁
春日祭 延引、十三日被行之、　藏人權右少弁
杜本祭
當麻祭

率川祭
二日　率川祭
上卿不參、左中弁房長參行、內侍不參、外記不參之、召使行言（宗岡カ）參行云々、

梅宮祭
梅宮祭　藏人權右少弁

當宗祭
當宗祭

松尾祭
松尾祭　藏人右少弁

中山祭
中山祭

宗像祭
八日　宗像祭

山科祭
十日　山枓〔科〕祭

花園天皇國忌
十一日　花園院御國忌
上卿三条中納言公保卿、弁右中弁俊國、外記宗種、史員職、召使行寛（宗岡）、內侍勾當云々、

吉田祭
十三日　吉田祭　藏人權右少弁

日吉祭
日吉祭

大原野祭
十七日　大原野祭　藏人左少弁
上卿德大寺大納言實盛卿・弁左少弁經直・外記親種・召使行秀等參向之、內侍參行之處、依無車路自路次被還云々、

十八日　園并韓神祭　頭右中弁

依社頭未被造停止之、

五節舞姫參入　藏人右少弁

參議清房卿・弁右中弁俊國・外記宗種・召使行秀等參行之、

十九日　鎭魂祭　藏人權右少弁

廿日　新嘗祭

上卿按察大納言資家卿・參議隆世〔盛〕卿・少納言宗業眞人・弁右中弁俊國奉行・外記師野・史員職・召使行繼等參之、內侍同參之、

廿一日　豐明節會

廿二日　女王祿

廿六日　賀茂臨時祭　頭左中弁

十二月

三日　國忌

十日　御躰御卜　奏　藏人權右少弁

无之、

園韓神祭停止
五節舞姫參入
鎭魂祭
新嘗祭
豐明節會
女王祿
賀茂臨時祭
御體卜奏なし

月次祭
神今食
大神祭
佛名
追儺
大祓停止
節折

上卿西園寺中納言公名卿・參議淸房卿・少納言宗業眞人・左(右)中弁俊國藏人・外記康富・史盛久・召使行繼等參行之、內侍新內侍參行、

十一日 月次祭　　藏人左少弁
神今食如例、
　　　 神今食
十三日 荷前擬侍從定
十四日 大神祭
十七日 御髮上　　藏人式部大丞
十九日 佛名
上卿万里小路大納言時房卿、
晦日 追儺　　藏人權右少弁
被停止了、
　　 大祓　　藏人權右少弁
被行了、有出御、
　　 節折　　藏人式部大丞

撰吉日事

內侍所御神樂

荷前

圓宗寺法華會

歲末修法

煤拂

廿四日被行之、公卿大炊御門大納言信宗卿、綾小路前宰相信俊卿、殿上人不參、地下所作人八人之、當寮役神殿御裝束・御疊以下如每年調進之、

內侍所御神樂　藏人右少弁

行幸莚道五十枚用意之、寮役御坊〔訪〕歲末年始分二千四百疋者、廿一枚下行、傳奏按察大納言（甘露寺兼長）如每年奉行之、

荷前

着駄改

圓宗寺法華會

歲末御修法　藏人右少弁

御煤拂　藏人式部大丞

〔第二卷應永卅二年紙背〕

(裏面卷端大字一行)
□□分配　應永卅二年正月廿四日　豐弘注進上

〔正月〕

敍位議
洞院滿季内大臣拜賀

五日、叙位、執筆一条〔洞院〕(滿季)内大臣拜賀也、

白馬節會
一條兼良右大臣拜賀

七日、節會、内弁一条(兼良)右大臣殿御拜賀也、

正月

節分
別殿行幸

八日、今日節分也、仍別殿　行幸泉殿、莚道御訪如例卅五疋被下之、

足利義量正四位下宣下

十一日、今日叙品　宣下也、室町殿(足利義量)御方御所、令叙正四位下元從四位下給御越階、上卿權大納言實秀(裏辻)卿、職事頭右中弁宣光(廣橋)朝臣、兩局師勝(中原)朝臣・爲緒(小槻)宿祢・六位外記康富(中原)、大内記爲清(五條)朝臣、已剋被行之、

評定始
御評定始如例云〻、

踏歌節會
十六日、節會、内弁一位大納言（廣橋兼宣）參陣之時、床子座被官平伏、准大臣之儀者、先可爲蹲居歟之由、面〻有談合、外皆平伏之、

御所的
十七日、御所的如例云〻、

縣召除目始
廿八日、拜賀、除目始、執筆右大臣殿（兼良公、）今夜御着陣云〻、莒文公卿四人、見散狀了、奉行外記師勝朝臣、

縣召除目中夜
廿九日、縣召除目中夜、

縣召除目入眼
卅日、除目入眼、上卿權大納言實秀卿、陣執筆左大弁宰相藤光卿（町）、中山宰相中將定親卿、及朔□（天カ）、已剋事訖云〻、
抑大臣執筆之間、寮役百十疋之外、兩面御疊一帖代八十疋被下行之、頭左中弁秀光朝臣（日野）中沙汰之、被仰按察大納言資家卿（土御門）、去年四月、賀茂祭惣用之相殘分被下之、自按察之許被下行之、以上百九十疋被下之、

二月

釋奠停止
小川宮薨去
左傳

十六日、今日尺奠(釋)也、已可被行之處、二ノ宮(小川宮)今曉俄有御事、御年廿二、自夜前聊御不例、終以薨去、言語道断之次第也、仍天下觸穢之分也、尺奠(釋)停止希代事也、不及是非、今度講書左傳、題云、承天之性不快之文之由、有其沙汰云々、天下驚歎不可如之歟、座主直講師藤(中原)已用意之處、停止、無念之次第也、

小川宮葬禮

十九日、御葬礼者泉涌寺長老執沙汰云々、依此御事、勸修寺中納言經興卿有恐怖之子細云々、

別殿行幸

廿二日、今日別殿　行幸也、奉行職事藏人左中弁房長(甘露寺)云々、寮役如例被下之、若宮(小川宮)御方雖爲御初七日被行云々、

足利義量薨去

廿七日、今日未剋許征夷大將軍御方(足利義量)御所薨去、御年十九、此間御病氣也、言語道断重事、諸人驚歎、不及是非、室町殿(足利義持)御一子大方無申限之次第也、諸人不及參御訪、御所先御座等持寺云々、依此事勸修寺中納言經興卿以外恐怖云々、

足利義量等持院に葬る

廿九日、今日御葬礼也、於等持院御沙汰云々、

日野有光出家
後小松院御幸

後小松院懺法
足利義持の沙汰

別殿行幸

懺法結願

後小松院觀音懺法
足利義持の沙汰

三月

二日、今日執權日野大納言有光卿出家、年卌一、兼日有荒旅、仙洞（後小松院）御□度　御幸之由、有其聞、然而先出家、來五日母儀卅三廻之追善之由被申之云々、

四月

四日、自今日、於仙洞被行御懺法、七ヶ日參□□（仕人）々見散狀、奉行藏人權右中弁俊國（坊城）之、初日有音樂、僧衆八人、內大臣滿季公・前一位大納言兼宣卿興行云々、可爲自室町殿申御沙汰云々、

五日、今日被行別殿泉殿　行幸之、奉行藏人右少弁經直（勸修寺）申沙汰之、寮役如例、御懺法自今日散花、殿上人布衣云々、

十日、今日御懺法結願云々、

十一日、今日於仙洞被行觀音懺法、室町殿爲御計申御沙汰云々、

十三日、左少弁資親止官位、遂看試云々、翌日十四日獻策云々、止官位送六位、遂業之条無例之、

醍醐寺灌頂

一 十四日、今日於醍醐寺有灌頂、着座公卿裏辻大納言實秀卿・葉室中納言宗豐卿・參議宗繼(松木)卿三人、所役諸大夫久我・德大寺・西園寺、自三ヶ所被沙汰立云々、

一 十五日、灌頂、今日有其沙汰云々、

宸筆八講日時僧名定

一 十六日、今日宸筆御八講日時・僧名定也、於院殿上被行之、着座公卿行事上卿右大臣(一條兼良)殿、一位大納言兼宣卿・按察大納言資家卿・裏辻大納言實秀卿・万里小路中納言時房卿・左大弁宰相藤光卿・新宰相清房(海住山)卿等、以上七人、時房卿書定文云々、奉行職事頭左中弁宣光朝臣、

伏見宮貞成親王宣下

一 同日、被行　親王　宣下、上卿按察大納言資家卿、奉行藏人權弁俊國、伏見殿令蒙　親王　宣旨、御名字貞成云々、三世孫王也、先規勿論也、

久我清通任右大將拜賀

一 同日、久我右大將清通卿被申拜賀、自土御門中將定長亭出現、隨身六人、殿上人五人、(千種)光淸・(六條)有定・(木造)持康・(愛宕)具秀等朝臣、殿上六位藏人、地下前駈五人各步行、但於自身也、自出立所被乘網代車、如例、

北野社一切經會

一 同日、早朝先被行北野一切經會、去月廿一日依穢延引、今日被行之、上卿西園寺中納言公名卿、參議飛鳥井宰相雅世卿、左少弁資親、未拜賀人也、其儀如例云々、

一 同日、左少弁資親申拜賀、拜任以後未申之、獻策之時、止官位、列後本位本官奏慶云々、

賀茂祭使

（コノ記ハ「十一日」ノ次（表廿一日ノ裏面）ニ記サレテヰルガ、此所ニ移記シタ）
廿一日、賀茂祭使右中將雅兼朝臣（白川）、女使中山宰相定親卿沙汰立之、判官大判事章鄕（中原）、自余使〻如例輩也、可尋注之、寮役三百□□（七十カ）疋被下之、毎年分也、御疊以下如例沙汰進之、今年女使廣橋可有其沙汰之處、歸立申沙汰計會之間、明年相恃中山云〻、

宸筆八講始

廿二日、自今日被止放生、被仰五畿七道云〻、宸筆御八講始也、有御誦經使、內藏頭敎右（山科）朝臣勤御使云〻、

鷹司東洞院燒亡
三百人宅燒亡

廿三日、第二日也、今夜戌剋、鷹司東洞院燒亡、廣橋一位宿所堀停之、然而三百人宅多以燒失、山科內藏頭敎右朝臣許炎上、

廿四日、今日五卷日之、然而依雨延引、

宸筆法華八講

廿五日、今日御八講五卷日之、參仕人〻見散狀、

廿六日、御八講可爲結願之處、中日依雨延引、結願又延引、

宸筆八講結願

廿七日、今日御八講結願也、有赦定、上卿葉室中納言宗豐卿・官人大判事章鄕參陣決之云〻、

五月

足利義持八講始

二日、自今日室町殿御八講被始行之、如例年、

八講結願

六日、御八講結願也、參仕公卿如例年云〻、

皆既日食

十五日、今日日食也、他例蝕皆既、御所褁裄之、自藏人方百疋渡之、如毎度例、申剋奉褁、

別殿行幸

十九日、別殿行幸也、如例莚道沙汰進之、

足利義持北野社參籠

六月廿一日、自今日室町殿御參籠八幡(北野)宮、

稱光天皇讓位の由

足利義持參內讓位を留奉る

同廿八日夜、禁裏(稱光天皇)俄可有御脱履之由風聞、以外之重事也、已被召寄御車、可有御出之由被仰也、御車自三条前右府(公光)被召之、然而室町殿自北野御出、則有御參 內、叙留申文、自仙洞同被申、天下之重事也、雖然無爲、珍重〻〻、重〻有子細云〻、

別殿行幸

閏六月三日、有別殿 行幸、先日儀無爲□有 行幸、珍重〻〻、

去朔日聊又有御吉事、聊物忩希代事也云々、

貞成親王出家

七月五日、伏見殿親王御方御出家云々、

（コノ記ハ「十六日」ノ次ニ記サレテヰル）
七月五日、酒麴役、如例五千疋沙汰進之、珍重々々、

別殿行幸

七月十六日、別殿　行幸、奉行頭中將基世朝臣（持明院）云々、

稱光天皇俄に御不豫
足利義持參內

七月廿五日、今日晩景、禁裏俄御不豫之儀出來、以外危急御座之間、被苦申、室町殿則御參　內、前後不覺之御式也、御仰天被召置醫師勢、何樣有種々御療養云々、然而及曉天聊御立直之間、諸人安堵、公家關白殿（二條持基）以下無所殘參內云々、

中原師鄕參內
稱光天皇度々御不豫

廿六日、大外記師鄕（中原）早旦參　內裏、承事之樣、無程御事云々、今日度々御發病云々、

稱光天皇御不豫
足利義持度々參內

廿七日、御不豫同前、數ヶ度令發給云々、室町殿數ヶ度御參內、

稱光天皇御不豫

廿八日、御不豫猶不能、自今日於禁中被修藥師法、如意寺殿（滿意）御代官實祥院僧正行之云々、
今日以外大事御坐之由風聞、

稱光天皇御不豫
足利義持度々參內
光範門院院號宣下

廿九日、御不豫猶御同前、室町殿每日數ヶ度御參內、進□人之、同御共參候云〻、今日有院號定、奧注之、准后　宣下・院号同日例、□(近)□(例)□(文)和□(陽)祿門院(光嚴院後宮)御時不然、尤御佳例也、条〻宣旨、皆以不及持參、条〻又一通写進日野(日野西資國)儀同三司云〻、

光範門院院號宣下

奉呈〵
七月廿九日、光範門院(後小松天皇後宮)自上被定也、然而上卿清通卿擧申之、治定分也云〻、今日有院号定、以從二位資子(日野西)有院号、當今(稱光天皇)母后、先有准后　宣下、上卿右大將清通卿・權大納言實盛(德大寺)卿・參議定親・清房等卿、奉行藏人權中弁俊國・大外記師勝朝臣・左大史爲緒宿祢・權少外記康富(中原)・六位史以下參陣、

稱光天皇御不豫により伊勢石清水に告文あり
仙洞に一字金輪法を修す

八月一日、丁卯、天晴、八朔之獻方之大略、昨日進上云〻、今日御不豫未快、昨日被獻御告文七月廿九日云〻、於伊勢・八幡、伊勢祭主通直(大中臣)卿被召　內裏被下之、八幡撿校法印被召　內裏、內〻被獻之云〻、御告文大內記爲清朝臣草進之、兼日被尋例有其沙汰云〻、又自今日、於仙洞被修一字金輪法、聖護院准后(道意)令行給、

泰山府君祭

一日之儀也、七月廿八日云〻、
今日被行泰山府君祭、從三位在方(賀茂)卿於相宅行之、非如法之儀、

稱光天皇御不豫減退

二日、戊辰、自今日、御不豫聊御減氣分者、天下大慶也、

五日、自今日時正、

禁裏に七佛藥師法を修し平癒を祈る

七日、癸酉、自今日於　禁裏被行七佛藥師法、妙法院（堯仁法親王）一品親王令行之給、有大行道之儀、樂人・舞人等多以參之、去應永十九年被行之、同前云々、當寮役事、雖有追文不及散狀、先度無其沙汰之間、同前之由申之了、

足利義持清和院に參籠

九日、乙亥、天晴、自今日、室町殿御參籠清和院、同十五日早旦還、依昨日燒亡事、早々還御、重可有御參籠之、

釋奠

孝經

十一日、釋奠、上卿藤大納言隆光卿（武者小路）、參議中山宰相中將定親卿、弁左中弁藏人房長、少納言長廣朝臣（高辻）、文章博士、題者、座主直講師孝（中原）、今日遂初參、十七歲之、序者菅原繼長（高辻）勤講師、兩局四位大史爲緒宿祢・四位大外記師世朝臣（中原）・師鄉・少外記親種（清原）・左少史職豐（紀）・召使行繼（宗岡）等參之、文人大內記爲清朝臣・式部權少輔在豐朝臣（唐橋）等參之、宴穩座・三道竪義等如例云々、講書孝經、□無題字、

相國寺乾德院失火
鹿苑院燒亡

八月十四日、今日未斜、自相國寺塔頭乾德院火出來、鹿苑院北、折節北風以外、則余焰及鹿苑院、則移隔寺、佛殿以下不殘一字拂地、南自惣門及人屋、法界門以下、門外鎮守八幡宮社壇以下無所殘、

一條今出川武者小路等燒亡
足利義持參籠の清和院より禁裏仙洞に御參

一条面至今出川武者小路、東至冨小路法界門以下悉以炎上、非言語之所及、室町殿參籠清和院之間、御出、被訪 禁裏・仙洞、余焔一条面北頬於在家火止了、事之次第非直也、天下之驚歎、只在此事者也、酉斜許火止候了、

日吉社十禪師社壇智惠光院惠見寺藥師堂相國寺塔頭等燒失

今日炎上所〻、北小路万里小路日吉社、其南十禪師社壇・智惠光院・一条高倉惠見寺藥師堂法界門西脇、其外小社等不及注也、相國寺塔頭、已上六ヶ所炎上、相殘塔頭六ヶ所云〻、於所〻人多以燒死、仍可爲穢否事、有其沙汰、

石清水放生會
足利義持清和院より還る
神幸の時神人自害
神輿出御

今日室町殿自清和院還御、又重可有御參籠云〻、
十五日、今日放生會之、上卿花山院中納言持忠卿・參議隆盛卿(四條)・弁右少弁經直藏人・使、、、・右馬頭兼勝朝臣(卜部)・外記師野(中原)・史盛久(安倍)・召使等參向之處、今曉神幸之時分、神人一人走入樓門之間、防禦之間、於軒下自害、仍神官取押也、京都注進、只可行之由被仰之間、酉剋神輿出御、夜陰寅剋其儀了云〻、希代事也、委注放生會先例、

禁裏七佛藥師法結願

(コノ記ハ「廿二日」ノ次ニ記サレテヰルガ、此所ニ移記シタ)
八月十七日、禁裏七佛藥師法結願也、有舞樂、今日妙法院一品親王令蒙牛車 宣旨給、勸賞云〻、上卿三条大納言公雅卿(正親町三條)、

足利義持重ねて清和院に參籠

八月廿二日、自今日室町殿重御參籠清和院、又自今日於同所被行御修法、三条院僧正坊奉

義持大徳院に赴く

之云〻、同廿九日早旦御還向、直渡御相國寺大德院云〻、又有御院參、

九月

泉涌寺御幸

十日、泉涌寺御幸事、注裏奥了、

（コノ記ハ當第二卷奥ニ記サレテヰル）

足利義持邸に御幸
崇賢門院御所に御幸

九月十日、天晴、今日御幸泉涌寺、供奉公卿内大臣滿季公（洞院）、御輿寄以下十一人・殿上人八人・下﨟六人・召次九人、還御之時、直御幸室町殿、還御、又御幸崇賢門院（後光嚴院後宮）御所、各在御引物云〻、公卿以下名字見散狀了、

例幣

十七日、例幣去十一日依《爲》去月燒亡《穢中》延引、今日被行之、上卿武者小路大納言隆光卿、弁左《藏人》少弁資親・外記親種・史盛久・召使行嗣等參之、

例幣延引日時定

先於陣被行日時定、上卿已下同前、當日亥剋許、按察大納言資家卿以折紙被尋云、例幣延引之御日時定勿論歟、宣命雖無辞別可爲陣儀哉、又内藏寮請奏等可爲陣儀哉云〻、条〻如狀歟之由、返奏候了、

春日町燒亡

廿四日、今日未剋、春日町邊炎上、余焔及金□（光カ）寺泉涌寺末寺佛殿以下悉炎上、其外人屋數多燒了、

勘解由小路朱雀宗福寺炎上

廿日、今日申剋、勘解由小路朱雀宗福寺□院炎上、但佛殿以下鍾〔鐘〕樓・門等相殘寮舍以下燒亡、

十月

相國寺事始

七日、今日相國寺事始云〻、

足利義持因幡堂參籠

九日、自今日室町殿御參籠因幡堂、

十三日、仙洞泉殿上棟云〻、

相國寺內盜人のため炎上

十四日、今日巳剋、相國寺內塔頭大德院在中和尚〔中淹〕塔頭相國寺前僧也、佛殿・山門爲盜人炎上、方丈・坊寮舍以下三盡云〻、希代事也、什寶者盜參云〻、

萬里小路南頰炎上

今朝一条万里小路南頰小宅兩三間炎上了、午剋

足利義持因幡堂より還る

十六日、室町殿自因幡堂御還向之、

十一月大

相國寺佛殿立柱足利義持赴く

〽三日、戊戌、天陰雨降、今日相國寺佛殿以下悉柱立、室町殿(足利義持)御出、諸人者輩皆束帶參之云々、珍重々々、

大地震

〽五日、巳剋大地震、諸人消魂、希代之動也、

內侍所臨時御神樂に行幸

〽九日、自今日三ヶ日被行內侍所臨時御神樂、有　行幸、當寮役二百疋被下之、別而被拄御沙汰之間御作進了、小文御疊二帖百十疋・同御半帖一帖三十疋・同綠緣半帖二帖・薦八枚・小莚一枚、已上神殿御裝束進之、此外地下座、所作人公卿綾小路前宰相信俊卿一人參之、半帖一帖用意之、其外地下所作人座葉薦十枚許進之、行幸莚道小莚五十枚用意之、少々以私力沙汰進了、

同十一日、結願也、夜之儀無爲、珍重々々、

足利義持清水寺に參籠

〽十三日、自今日室町殿御參籠清水寺、

平野祭

(以下「十三日」ノ記ハ「十四日」ノ次ニ記サレテヰルガ、此所ニ移記シタ)
十三日、今日平野上丁祭也、上支干延引、　上卿中院中納言通淳卿、弁左中弁房長、外記・史　召(マヽ)使等、內侍以下參向之、

〽同日、臨時祭也、使〻橘(薄)以盛云々、寮役五十疋被下之、祭寮役五十疋、以上百疋被下之、

春日祭

同日、春日祭也、上卿万里小路大納言時房卿、弁右少弁經直、外記康冨、史盛時(安倍)、召使行秀(宗岡)、使右中將季俊(四辻)朝臣、內侍以下參向之、

足利義持俄に清水寺參籠中止

十四日、室町殿自清水寺俄還御、當年勸進聖(塔以下)僧於堂中俄死去、觸穢之間還御云々、

十二月

足利滿詮妾誠子贈從三位宣下

十七日、壬午、午剋、今日被行贈位　宣下、上卿按察大納言資家卿・奉行頭右中將基世朝臣・大內記爲清朝臣・外記師野・右大史盛久少內記以下參陣、此贈位者鹿苑院(足利滿詮)(小川)殿御思人當座主(持弁)以下御母儀之、以無位々誠《トモ》子被奉贈從三位云々、則大內記持參　詔書於本所云々、猶委可尋注之、去十一日可被行之由有沙汰、被召大外記師鄕於院御所、於殿上廣橋儀同三司(兼宣)廢勢日被遂贈位之条、可爲何樣哉之由、被尋下給、兼又、今日廢勢　伊勢事也、尤可有憚之由令申、仍則可爲代日之由治定云々、仍今日被行之、

煤拂

今日　禁中御煤拂也、仍被忩剋限云々、

節分
別殿行幸

廿日、今夜節分、別殿　行幸也、長階局、莚道七十枚進之、寮役卅五疋如例、去七月十六日以後、今日始而有　行幸、珍重々々、

廿一日、今日歳末・年始寮役惣用二千四百疋被下行云〻、

廿四(三)日、今日被召師鄕於　禁裏、室町殿御參内之時分、以前藤宰相(高倉)永藤卿酒役析足遽配□(事カ)、永藤卿令申御所之間、則被召飯尾肥前(爲種)、忩可御沙汰之由被仰下云、永藤卿被申之間被免、更無比類上意之趣、忝畏存者也、此事、去十八日追申申了、然而事延引旨、內〻彼卿令申云〻、

廿四日、今日酒役析足五十疋、渡尙守了、淋神慮之至也、

〔第三卷〕

應永卅五年

○四月二十七日改元「正長」、
三・四・五・八月記闕、

四方拜小朝拜停止稱光天皇御不豫による

元日節會

足利義持埦飯

正月大

□□拜・小朝拜停止事、

一日、甲申、天晴、三陽万春之告朔、毎事珍重〻〻、幸□(甚)□　□、

「(押紙缺落ノ跡)　」今日条〻事、先四方拜、禁裏(稱光天皇)自去年御不豫無之、小朝拜同前、於節會者被行之、内弁權大納言實秀(裏辻)卿、外弁權大納言時房(萬里小路)卿、其外公卿五人、其外參陣人〻見散狀、奉行職事藏人左少弁資親(日野)、

雖無出御被行御藥儀例、

御藥儀如例、雖無出御、以其由被行之、如例、奉行藏人右中弁忠長(甘露寺)、御藥寮頭以下三人參仕之、今夜亥刻大外記(中原師勝)參陣、裝束去年兩社行幸御沙汰之時加潤色、今度免之、

今日、祝着御社神供以下如例、

今日、室町殿(足利義持)埦飯御出座如例云〻、

淵酔停止

渕酔停止事、
二日、乙酉、天晴、今夜渕酔被停止之、御不豫之故歟、御藥儀如例云々、

三日、丙戌、天晴、御藥如例云々、

四日、丁亥、天晴、明日叙位事付、頭中將隆夏(四條)朝臣伺申之處、及晩可被停止之由、被仰之、今日、大外記始而向裏松(義資)中納言亭、

叙位停止不豫による

叙位停止例、
五日、戊子、天晴、今日叙位停止、依御不豫、於仗座可被行之由、自舊年被經御沙汰示了、昨日・一昨日、可爲其分歟之由、有沙汰之處、自去夕停止之由、被仰奉行外記師勝(中原)朝臣云々、雖無出御於御前可被行歟之由、条々被經御沙汰歟、終以停止之条、殊以所驚存也、延文度御不豫之時、於仗座被行之条勿論歟、然之可爲其例之處、停止之条尤不審之至也、

降雪

六日、己丑、天晴、曉程雪降、

白馬節會

七日、庚寅、天晴、白馬節也(會脱カ)、内弁大炊御門大納言信宗卿、外弁中御門中納言宣輔卿、已下公卿七人、奉行藏人權右少弁政光(裏松)、參陣人々見散狀、依無叙位省略多之、大外記可參陣之處、自夜前風氣之間不參陣、

足利義持垸飯

今日、祝着神供已下如例、
今日、室町殿垸飯、赤松(滿祐)勤仕之、御出座如例云々、今夜局勢師勝朝臣自此宿所參陣、
八日、辛卯、天晴、今日予參詣相國寺・八幡宮、其外方々物詣了、
九日、壬辰、天晴、今日自裏松(政光)被告云、明日室町殿參賀延引、依御雑熱御歡樂、不可有御對面云々、大外記參仕之用意之處、無其儀、尤無心本之次第也、被仰裏松、面々不可參賀之由、被仰下云々、
十日、癸巳、今朝大外記方々出現、室町殿御不例御事、不審之間、爲相尋也、

評定始足利義持出座

十一日、甲午、今日御評定始、室町殿片時御出座云々、
祈禱神咒經・尊勝陀羅尼等奉供養之、毎年依例也、

足利義持病氣

十二日、乙未、天晴、室町殿御不例、猶不快之由有其聞、所驚存也、今夜節分也、如例心經奉讀之、

立春

十三日、丙申、天晴、立春也、公私珍重々々、祝着神供已下如例、

足利義持病氣
十四日、丁酉、及晩雨降、室町殿御不例、以外御座云々、天下之驚歎無比類者也、

足利義持垸飯
十五日、戊戌、雨降、午剋聊休、今日祝着神供已下如例、室町殿垸飯事、依御不例無御出座、以其由被執行云々、言語道断、驚存者也、

踏歌節會
十六日、己亥、天晴、踏哥節會也、内弁徳大寺大納言實盛卿、外弁中御門中納言宣輔卿、已下公卿七人、參陣人々見散狀、大外記參陣、局務自此亭出仕之間、同道參仕、後聞、

足利義持危篤
今夜室町殿御不例、以外御危急御座云々、然而於節會者如例被行之、御不例難儀之間、珍事也、今日近習人々卅三人、被進七觀音之、

二條持通任侍從宣下
今夜節會以前、内弁實盛卿着陣、召大外記師勝朝臣、有　宣下事、
正五位下藤原（二條）持通可任侍從之由、被　宣下歟、
關白殿（二條持基）御息令任侍從給、御元服之時無御沙汰之間、今夜有　宣下云々、節會内弁先着陣、行　宣下事例、別邂逅事歟、先例事被尋下哉否事不分明、内弁内々於出立所被招引大外記、有談合云々、打任其例不詳之由、令申之云々、

御所的延引
十七日、庚子、今日御所的依御不例被延引云々、九以外難義（儀）之由有其聞、天下仰天非言語之所及、今日方々爲御祈禱、近習人々物詣、

足利義持薨去
義圓相續

奉号勝定院殿、
十八日、幸丑、天晴、今朝辰斜室町殿薨御御歳四十三、天下之驚歎不及是非、御違例纔五六日御事也、御相續御事、昨夕管領(畠山滿家)禪門參詣八幡、取御鬮四人御名被入之云々、青蓮院(義圓)准后前天台座主可爲御相續之由、當御鬮給云々、神慮之上者不及左右、先御治定之間、爲天下珍重、今日則面々參御門跡、公家人々少々參仕云々、

足利義持遺體等持院に移す

十九日、壬寅、天晴、今日青蓮院殿・管領以下大名達參入、申事之由則御出京、大名達候御共、入御裏松中納言亭、諸人群參不知其數、各持參御太刀、面々御對面云々、不思寄希代之題目歟、神慮之上者、爲天下珍重々々、今夜故御所(足利義持)靈者奉移等持院、御荼毗可爲卅(マヽ)三日之由、有沙汰之、大外記今日終日於裏松亭、奉見事樣云々、後聞、

天下觸穢

觸穢事、
今日、天下不可爲觸穢之由、被仰兩局云々、此事御沙汰之次第不審、於天下更不可有觸穢之輩無之歟、凡於今度之儀者、觸穢勿論歟、

廿日、癸卯、天晴、今朝早々、大外記向裏松(義資)亭、持參御太刀、於懸御所御對面、畏存者也、公家人々多參仕、御對面云々、今日予招引久我(清通)亭、不慮同參他所政所信乃守宿所、朝飯以下有種々肴物、

廿一日、甲辰、天晴、今日例日之間、無殊事歟、

足利義持贈官位宣下

義持室裏松榮子を從一位に敘す

廿二日、乙巳、天晴、今夜有贈官（室町殿）宣下、事又御臺（裏松榮子）御方御極位叙品　宣下事在之、上卿按察大納言資家卿（土御門）・職事頭右中將基世朝臣（持明院）・少納言宗業眞人（清原）・大内記爲清朝臣（五條）・大外記師勝朝臣・少外記、、・六位史員職（高橋）少内記等參陣、仰詞從二位藤原朝臣榮子、可叙從一位、可作位記之由被仰之、次召師勝朝臣以前内大臣源朝臣（足利義持）、可爲贈太政大臣、可令作詔書云々、其間子細、可尋注之、

御臺御一品御位記、大内記爲清朝臣持參御所、砂金一褁被下之云々、如何、御叙品位記大内記持參事如何、不審々々、

足利義持葬儀

廿三日、丙午、天晴、今日故御所御葬礼也、公家人々多以參御葬所、各素服參之云々、

廿四日、丁未、天晴、

足利義持火葬

廿五日、戊申、天晴、今日故御所御拾骨云々、天下穢事、自今日可爲卅ヶ日歟云々、

大原野祭延引

祈年祭延引

春日祭停止

義圓始めて畠山滿家邸に赴く

義圓細川持元邸に赴く

內侍所臨時御神樂

二月大小

一日、天晴、甲寅、仲春之朔也、珍重〻〻、

二日、乙卯、天晴、雖當大原野祭、穢中之間延引、可爲下支干云〻、

四日、丁未巳、天晴、祈年祭依穢中延引、

七日、庚申、天晴、春日祭也、依穢停止、今月卅日以後依無支干歟、將又他月例不可然云〻、

廿九日、辛亥、天晴、今日始而室町殿(義圓)御出管領(畠山滿家)亭、御車、權右少弁政光(裏松)候御車、初度之儀、珍重〻〻、

卅日、壬子、天晴、今日室町殿御出右京大夫(細川持元)亭、御輿云〻、

閏三月大

一日、癸丑、天晴、

十五日、辛卯、天晴、今日被行內侍所臨時御神樂、所作人大炊御門大納言信宗卿・綾小路中納言信俊卿去月卅日任權中納言以後、拜賀有無如何、殿上人無之、地下所作人如例之、當寮役以無出御之

足利義宣等持寺に赴く

四條烏丸室町燒亡

足利義持百ヶ日法會曼荼羅供を修す

時例百廿疋分注進之處、只百疋被下、雖然神殿御座以下、毎年如例沙汰進之了、

廿一日、癸酉、自今日室町殿(足利義宣)御坐等持寺、來廿八日勝定院殿(足利義持)御百ヶ日御作善也、仍御寺御座云々、

廿二日、甲戌、今日午剋、四条烏丸室町之間、四丁者炎上了、

廿八日、庚辰、天晴、今日勝定院殿御百ヶ日也、於等持寺御八講堂被行、夜儀曼陀羅供三寳院前大僧正滿濟爲大阿闍梨、又有御經供養之儀、御導師花園房(房能)、ゝ僧正參之、着座公卿右大將權大納言(久我)清通卿・權大納言實盛(德大寺)卿・權中納言經興(勸修寺)卿・參議雅世(飛鳥井)卿・右大弁宰相親光(廣橋)朝臣、以上五人云々、殿上人藏人權右少弁政光(裏松)・六位藏人源重仲、曼陀羅供阿闍梨執蓋前大膳權大夫則重(源)朝臣殿下(二條持基)諸大夫・康任(惟宗)朝臣近衞殿(房嗣)被召進云々、四人參云々、召兩人可相尋之、阿闍梨莚道事被仰之間、沙汰進、御訪百疋也、更不送之間令申奉行勸修寺中納言、可爲別儀云々、鳶七十余枚進之、申剋事訖云々、於等持院有陸座・拈香、室町殿御出、

(正長元年)六月小

醴酒

一日、壬午、天晴、朔日吉恭、珍重〻〻、今日醴酒如例、被行六月會、弁右中弁忠長朝(甘露寺)臣參向之云〻、

祇園御輿迎
足利義宣及び義持後室等佐佐木邸に赴く
御幸の儀に擬す

七日、戊子、天晴、今日祇園御輿迎也、所〻風流超過例年了、室町殿(足利義宣)・大方殿(義持後室裏松榮子)・御南向(義持妾徳大寺實時女)以下渡御佐〻木亭(京極高數)四條京極御淺敷(棧)也、被列御出御車、番頭以下御行粧也、大方殿御輿、諸大名悉參入、御幸嚴儀云〻、申剋神行無爲無事、珍重〻〻、

十日、辛卯、御卜　奏無之、

月次神今食

十一日、壬辰、天晴、今日月次・神今食也、上卿綾小路源中納言信俊卿・右大弁宰相親(廣橋)光朝臣・藏人權右少弁政光(裏松)・少納言長政朝臣(東坊城)・外記親種(清原)・史盛久(安倍)・召使行繼(宗岡)等參行云〻、

祇園御靈會
足利義宣細川邸棧敷にて見物

十四日、乙未、天晴、祇園御靈會也、室町殿以下渡御右京大夫(細川持元)亭淺敷(棧)、御車如去日云〻、所〻風流盡美云〻、今年室町殿初度御見物、無爲無事、公私珍重〻〻、

祇園臨時祭停止

十五日、丙申、天晴、祇園臨時祭停止、依御不豫歟、

徳大寺公俊薨去

十九日、庚子、傳聞、今日徳大寺相國(公俊)禪門薨逝云〻、春秋五十八、痢病之所勞云〻、言語道斷之次

徳大寺實盛薨去

第也、去四月子息大納言實盛(徳大寺)卿薨、父子共薨逝之間、家門之式、無是非云々、

足利義宣室佳例の儀

廿一日、壬寅、雨降、今日室町殿御臺裏松中納言(義賢)妹(宗子)有御佳例之儀、如法嚴儀云々、珍重々々、大方殿御坐所爲御方入御云々、大方殿向殿御所御移住、被候御城所之間、先渡御云々、

大風雨あり足利義宣二條持基邸に赴く

廿四日、乙巳、自朝大雨降、風吹、以外也、然而及申剋聊休了、今日室町殿渡御二条殿(持基)初度、被列御行粧云々、參仕人々、可尋注之、

祈年穀奉幣

平野祭

廿五日、丙午、天晴、今日祈年穀奉幣也、上卿西園寺大納言公名卿八幡使兼行、先於陣有日時定等、定文執筆右大弁宰相親光朝臣、奉行職事權右少弁政光、官務彦枝宿祢(小槻)・當局務師世朝臣(中原)・外記親種・史盛久・召使行繼等參陣、陰陽寮不及參陣、内々日時勘文進上之歟、使一見定文、抑今日平野使殿上人也、希代無其例歟、觀應度左近衛權中將公直(今出川)被載定文、是者三位中將歟、不審々々、被尋下先例、仍此例注進歟、如例左中弁房長朝臣(甘露寺)參本官行事云々、

吉田祭延引

吉田祭他月例、
廿七日、戊申、天晴、今日被行吉田祭、式月延引、上卿吉田大納言家俊(清閑寺)卿・弁權右少弁

政光・外記親種・史盛久・召使行繼等參行之、

〔七月〕

踐祚

廿八日、踐祚儀、(後筆)正長元、七、廿八、

諸卿以下先參舊主(稱光天皇)御所、亥剋万里小路(時房)大納言奉 上皇(後小松院)仰着仗座、宣下攝政事、召內記令作
宣命、藏人右中弁(甘露寺)忠長 奏聞、草・清書・奏聞如常、召中務輔、但不參、丞代源重仲、下 宣命、此宣命渡局務、先規不審、

劔璽渡御

其後 劔璽渡御、攝政(二條持基)以下供奉、頭左中將(四條)隆夏朝臣持劔、頭右中將(持明院)基世朝臣持璽、內侍所同渡御、各供莚道如例、於新主(後花園天皇)御前、万里小路大納言着陣、召大外記(中原)師世、宣下條々事、兩度可被 宣下歟、而一度ニ被 宣下條々事云々、

勅授昇殿拜攝政以下、列之給云々、

依無宜陽殿公卿五人着陣、西園寺大納言公名卿・葉室中納言宗豐卿・洞院中納言實煕卿・中山宰相中將定親卿・中御門宰相宗繼(松木)卿、少納言早出不着之、左中弁房長(甘露寺)朝臣着之、獻盃無之、饗膳兼居之、公卿各奧端、相分着之、

吉書始なし

今夜吉書无之、可爲後日之、度々例也、

公卿上首藤大納言(武者小路隆光)依未着陣不行条々事云々、內侍所渡御、左中將雅永(飛鳥井)朝臣・少外記淸原宗

種・史生・官掌等供奉、六位史盛久(安倍)一人參之、供奉劔璽歟、
今夜兩局用丸鞆、
攝政今夜參　仙洞、令　奏慶給云〻、

吉書始

卅日、吉書、上卿吉田大納言家俊卿(清閑寺)・頭左中將・同右中將・左中將・右中弁忠長朝臣奉行・官務彦枝宿祢(小槻)等參之、先於攝政殿御直廬覽之云〻、

(後筆)正長元末
九月

重陽平座

九日、平座、□(十一・二字缺)□宰相秀□(日野秀光)(約十字缺)□左少弁資親(日野)奉行職事・權大外記師野(中原)・左少史盛繼(中原)等參陣、以陣座爲宜陽殿云〻、

例幣

十一日、例幣、上卿万□□納言時房卿(萬里小路)・權右少弁政光(裏松)・左中弁房長朝臣權大外記師野・右大史盛久(安倍)・召使行繼(宗岡)等參之、今日無御拜、奉行職事權右少弁政光、

石清水放生會

十五日、放生會、上卿西園寺大納言公名卿・中御門宰相宗繼卿・左中弁房長朝臣(甘露寺)・權大外記師野・右大史盛久、七月依　先皇(稱光天皇)御事、延引了、

旬平座　十月一日、平座、上卿葉室中納言宗豐卿・參議右大弁宰相宣光（親）(廣橋)朝臣・少納言宗業(清原)眞人・右中弁忠長(甘露寺)朝臣職事兼行・少外記親種(清原)・右大史盛久(安倍)等參陣云〻、

作事始　十月十七日、丙申、官司木□□(作 始カ)日時定、上卿花山院大納言持忠卿・職事頭左中將隆夏(四條)朝臣・權右少弁政光(裏松)・官勢周枝(小槻)宿祢・少外記宗種(清原)・右大史盛久・陰陽頭在貞(勘解由小路)朝臣等參陣云〻、

官司事始　廿三日、壬寅、官司事始云〻、

梅宮祭　十一月一日、戊酉(己)、梅宮祭、上卿葉室中納言宗豐卿、弁不參、外記康富(中原)云〻、

小除目　五（三）日、辛亥、小除目、上卿按察大納言資家(土御門)卿・職事頭右中將基世(持明院)朝臣・右中弁忠長(甘露寺)陣執筆・外記宗種(清原)等參陣云〻、

春日祭　十二日、庚申、春日祭、上卿花山院大納言持忠卿・權右少弁政光(裏松)・外記康富・史盛久(安倍)・使右中將實雅(正親町三條)朝臣・召使行繼(宗岡)等參向云〻、

大原野祭延引
十六日、甲子、大原野祭延引、

園韓神祭なし
十七日、乙丑、園・韓神祭無之、依無社壇也、

鎮魂祭
十八日、丙寅、鎮魂祭、中山宰相中將定親卿參向之、弁・外記不參、內侍參向云〻、

新嘗祭
十九日、丁卯、新嘗祭、上卿右大將清通（久我）卿・參議四辻宰相中將季保卿・少納言宗業（清原）眞人・權右少弁政光・外記師野（中原）・史盛久・召使行繼等參之、

豐明節會平座
廿日、戊辰、豐明平座、上卿中御門中納言俊輔卿・少納言宗業眞人・外記宗種・史盛久等參陣、弁不參、奉行頭右大弁忠長朝臣依未拜賀不參、六位藏人懷藤（藤原）參之云〻、

延曆寺六月會
廿三日、辛未、延曆寺六月會、頭左大弁房長（甘露寺）朝臣參向云〻、去夜　奏慶云〻、

吉田祭
廿四日、壬申、吉田祭、上卿花山院大納言持忠卿・外記師野・史盛久・召使行繼等參向、弁不參云〻、

平野祭追行
今日平野祭、上并次支干延引、上卿不參、左中弁資親（日野）・六位史盛久等參向、外記不參云〻、

清涼殿御帳事始
今日先被立清涼殿御帳事始也、先被勘日時、無陣儀、左中弁參之、陰陽頭在貞（勘解由小路）朝臣・縫殿頭

有冨(土御門)朝臣參之云々、一向藏人方沙汰也、

大原野祭

廿八日、丙子、大原野祭、上卿西園寺中納言(大)公名卿・權右少弁政光・外記親種(清原)等參向云々、

十二月

足利義宣蹴鞠始

八日、甲(乙)酉、於室町殿有蹴鞠御會始、按察大納言資家(土御門)卿・新藤中納言秀光(日野)卿・飛鳥井宰相雅清卿・中山宰相中將定親卿・新宰相基世(持明院)朝臣・少納言長政(東坊城)朝臣・前治部卿經時(町)朝臣・賀茂人兩人仲久(賀茂)・夏久(賀茂)等參之云々、

月次神今食

十一日、戊子、月次・神今食也、上卿洞院中納言實熈卿・參議定親卿・少納言宗業(清原)眞人・右大弁忠長(甘露寺)朝臣・外記康富(中原)・史盛久(安倍)・召使行繼(宗岡)等參之云々、

八講始

十四日、辛卯、御八講始也、新中納言親光(廣橋)卿申沙汰之、

八講結願

十八日、乙卯、御八講結願也、是勝定院(足利義持)殿來正月御一周忌被引上之、有御沙汰、於相國寺陞座・拈香等有之云々、此外無殊事歟、

今日、年始掃部寮役料足、且四百疋被下行之、

北野社神輿迎
興福寺維摩會

廿日、丁酉、今日北野御輿迎云〻、去八月依先皇(稱光天皇)御事延引了、興福寺維摩會自今日有之、頭右大弁忠長朝臣參向云〻、

廿一日、戊戌、今日年始掃部寮役料足殘二千疋、被下行之了、

節分
北野祭

廿三日、庚子、節分也、北野祭也、

立春
北畠満雅討死

廿四日、辛丑、立春也、今日勢州飛脚到來、國司少將満雅(北畠)、去廿一日合飛〔戰〕打死云〻、爲朝敵天下大慶也、

内侍所御神樂

廿六日、癸卯、内侍所御神樂也、雖無出御、當寮役如例調進之、今日被立清涼殿御帳云〻、

北畠満雅頸京著
足利義宣頸實檢

今日伊勢國司頸京着之、入夜、室町殿(足利義宣)於門外御實檢云〻、

北畠満雅の頸六條河原に晒す

廿七日、甲辰、賊首被懸六條河原云〻、

追儺

卅日、丁未、追儺、上卿中御門中納言俊輔卿・右少弁明豐(中御門)奉行參之、外記不參、師野(中原)分配云〻、藏人懐(藤原)藤祇候云〻、爲諸衞歟、大祓被付諸司了、

大祓

〔第三巻正長元年紙背文書〕

(一)自正月五日至六月廿七日裏

○以下の記は一段に記されてゐるが、便宜上二段組とした。

皇后宮職
中宮職
大舍人寮
　頭
　少属
圖書寮
　頭
　少属
内藏寮
　權頭
　權助

縫殿寮
　少属
　少属
陰陽寮
　助
　權助
　大允
　權大允
　陰陽博士
　權陰陽博士
　天文博士

権天文博士
漏剋博士
内匠寮
少属
式部省
卿
少輔
大丞
少丞
少録
大學寮
助教
直講
音博士
音博士

書博士
書博士
治部省
卿
少丞
少録
雅樂寮
少属
玄蕃寮
大属
諸陵寮
助
権助
大属
民部省

少録
主計寮
頭
助
大属
少属
筭師
主税寮
頭
助
権助
少属
兵部省
卿
少輔

少丞
隼人司
佑
刑部省
卿
権輔
少丞
少録
判事
少判事
少属
囚獄司
正
佑
権佑

大令史
少令史
大藏省
卿
權大輔
少錄
織部司
權佑
令史
宮內省
卿
少丞
大膳職
少属
木工寮

頭
權頭
少属
筭師
大炊寮
少允
少属
主殿寮
少属
典藥寮
助
大允
權大允
權少允
大属

少属
醫博士
權醫博士
針博士
權針博士
女醫博士
權女醫博士
醫師
掃部寮
少属
正親司
正
内膳司
正
典膳

典膳
令史
造酒司
令史
釆女司
正
令史
主水司
令史
彈正臺
尹
大弼
少弼
左京職
大属

少属
東市司
正
権佑
令史
右京職
大夫
大属
西市司
正
権佑
令史
東宮
春宮坊
齋宮寮

齋院司
修理職
大属
竿師
勘解由使
長官
次官
主典
鑄錢司
長官
判官
主典
山城國
介
権介

大掾
権少掾
大目
目
大和國
権守
介
権介
大掾
権目
少目
河内國
権守
介
権介

少掾
権大目
和泉國
少掾
少目
攝津國
権守
介
権介
掾
権掾
大目
伊賀國
大掾
権目

伊勢國
権守
介
権介
少掾
権目
少目
志摩國
権掾
目
尾張國
介
権介
少掾
目

參河國
介
権介
権掾
権目
遠江國
権守
介
権介
大掾
大目
駿河國
掾
目
伊豆國

掾
大目
少目
甲斐國
權守
介
權介
少掾
大目
相摸國
守
介
權大掾
目
武藏國

守
權守
權介
大掾
少目
安房國
少掾
大目
上總國
太守
介
少掾
目
下總國
權守

介
權介
權掾
權目
常陸國
太守
介
掾
權大目
近江國
權介
大掾
少目
美濃國
權守

權介
掾
目
飛驒國
少掾
目
信濃國
守
介
掾
大目
上野國
太守
介
權介

権掾
少目
下野國
守
権守
介
権介
掾
大目
陸奥國
権守
介
権介
大掾
掾

権大目
陰陽師
醫師
弩師
出羽國
権守
介
権介
少掾
権目
若狭國
掾
権目
越前國
権介

掾
目
加賀國
介
權介
少掾
目
能登國
守
介
權介
大掾
少目
越中國
權守

介
權介
少掾
目
越後國
權介
掾
大目
佐渡國
目
丹波國
守
權守
介
掾

権目
丹後國
権介
少掾
目
但馬國
権守
少掾
少目
因幡國
守
権守
介
権介
大掾

大目
伯耆國
守
介
権介
大掾
目
出雲國
守
介
権介
大掾
大目
石見國
介

権介
大掾
少目
隠岐國
少掾
播磨國
守
大掾
権目
美作國
権守
権介
大掾
目
備前國

守
権守
少掾
目
備中國
権守
介
権介
大掾
目
備後國
権守
介
権介
少掾

權目
安藝國
守
介
權介
掾
大目
周防國
守
權守
介
權介
大掾
權目
長門國

介
權介
大掾
大目
紀伊國
守
權守
介
權介
掾
目
淡路國
大掾
少目
阿波國

守
権守
介
権介
少掾
少目
讃岐國
介
大掾
権目
伊豫國
権介
大掾
目
土左國

守
介
権介
少掾
権目
太宰府
帥
大貳
少貳
権少貳
大監
権大監
少監
権少監
大典

少典
博士
醫師
竿師
主船
主厨
大唐通事
筑前國
介
權介
少掾
大目
筑後國
權守
介

權介
少掾
權目
豐前國
介
權介
掾
少目
豐後國
介
權介
掾
大目
肥前國
權守

介
權介
掾
權目
肥後國
守
權守
介
權介
權少掾
大目
日向國
守
介
權介

少掾
目
大隅國
掾
目
薩摩國
目
壹岐嶋
守
權目
對馬嶋
目
左近衞府
右近衞府
左衞門府

督
權佐
大尉
右衛門府
權佐
大尉
左兵衛府
少尉
右兵衛府
督
佐
少尉

左馬寮
頭
權助
右馬寮
兵庫寮
頭
鎮守府
將軍
軍監
軍曹

應永卅四年三月廿四日

(二)七月廿八日裏

請取申　宜陽殿弁・少納言座裄足事

(三)自九月九日至十月一日裏

猶々、いつも自由申状其はゝかり不少候、無子細候者、則可申請候、
今日御祝着察申候、何様神事□□□行事、もつて遂参拝可申承候、随而毎度申状無心之至
はゝかり存候へとも、今日神事用及闕如候間令申候、先日申請候御冠、又申請度、如例無
相〔　〕使卿事、返々自由之至、無面目候、〔　〕
恐々謹言、

(四)自十月十七日至十一月十二日裏
高倉永豊書状

昨日罷出候とて、御心静にも候はす候し、所存之外候、兼又今日風呂候、御指合候はすは、
可有御入候、尚々可待申候、併期其時候、恐々謹言、
十月十五日　(高倉)永豊

(五)自十一月十九日至同廿三日裏
中原師世書状
内侍所臨時御神楽

只今、明後日十九日可被行　内侍所臨時御神樂、任例可被催沙汰之由、被成御教書候、職事(裏松)權
(政光)弁候、內侍所御神樂、當局催事候哉、先規之様不審存間、先不及請文候、然者當局催何事
候哉、委細示預候者恐悦候、恐々謹言、
五月十五日　(中原)師世

(六)自十一月廿四日 至十二月十四日 裏
清原業忠書状
滿濟

梶井座主《義承》・三寶院准后《滿濟》、一昨日無爲不行候、又業忠《清原》此間以外咳氣候、未快候、誠久不申承候、恐欝不少候、世間流風事、古來不承及候、入道《清原良賢》咳氣候、但取直候、兼又御下向之後、早速可入見參之由、存候之処、不得面拜候、卽大略推量仕候、驚存候、又兩色慥返給候了、散々之物共立御用候、悅入候、心事期參拜候也、恐々謹言、

四月廿一日　　業忠

(七)自十二月十八日 至同 廿七日 裏

御訪の事、又昨日申され候し、貢馬の御要脚の有無により候て、如何さま、かさねて無仰候はんするよし、旨を出され候、聊に候ても候へかしと、念思食候、又二・三日し候はゝ、御まいり候よし、申候へく候、かしく、

〔第四卷〕

正長二年　永享元

○九月五日改元、十一月記闕、

〵三節會叙除并將軍改元之事、

正月大

元日節會

一日、戊申、天晴、節會、內弁右大將(久我清通)、外弁・公卿以下見散狀、

四方拜なし

御藥・御朝拜如例云々、四方拜無之、

仙洞御藥・拜礼如例云々、

今日局務師世朝臣(中原)、於攝政殿(二條持基)御里第覽叙位勘□(文)、於御前被召之云々、

敍位議

五日、壬子、叙位也、於御直廬被行之、執筆九条宰相清房卿(海住山)也、公卿以下見散狀、

白馬節會

七日、甲寅、白馬節會、內弁大炊御門大納言信宗卿、外弁・公卿見散狀、

踏歌節會

十六日、癸亥、節會、內弁西園寺大納言公名卿、外弁・公卿以下見散狀、

大原野祭延引
祈年祭延引
伊勢路通行困難
春日祭
釋奠
孝經
大原野祭

二月小
一日、戊寅、今夜左少弁幸房(清閑寺)申拜賀云々、
二日、己卯、大原野祭延引、
四日、辛巳、祈年祭延引、勢州物忩之間、勢使通路難治之上、神祇官三十ヶ日穢出來云々、
七日、甲申、春日祭、上卿勸修寺中納言經成卿・左(右)少弁明豐(中御門)・少外記親種(清原)・右大史員職(高橋)・使左少將隆遠(鷲尾)朝臣等參向之、內侍勾當云々、
十日、丁亥、釋奠、上卿万里小路大納言時房卿、參議九条宰相清房(海住山)卿、少納言長政(東坊城)朝臣、左中弁資親(日野)奉行職事、兩局周枝(小槻)宿祢・師世(中原)朝臣・業忠(清原)・六位宗種(清原)・盛久(安倍)、座主直講師孝(中原)、講書孝經、宴穩座・三道竪義無之、依　先皇(稱光天皇)御一廻中也、今度儒中師孝一人之外無之間、大儒師世朝臣不出儒牒云々、
十四日、辛卯、大原野祭、上卿中御門中納言俊輔卿・權右少弁政光(裏松)・六位外記親種・召

使行寛(宗岡)等參向之、

月蝕

十六日、癸巳、月蝕卯辰剋、

烏丸豊光薨去

十八日、乙未、今日入道前中納言豊光(烏丸)卿薨、歳五十二、自去月末癰出來云々、以出家已前日次被任大納言云々、

三月大

一日、丁未、

御燈なし

三日、己酉、御燈無之、

足利義宣元服

九日、乙未(卯)、室町殿(足利義宣)御元服也、加冠畠山尾張守持國、一向武家沙汰也、今日先有　禁色宣下云々、

足利義教將軍宣下

十五日、辛酉、今日將軍　宣下也、被下口　宣之、其後有小除目、將軍(足利義教、前名義宣)令任參議左中將給、上卿按察大納言資家(土御門)卿、職事頭右大弁忠長(甘露寺)朝臣陣執筆、兩局周(小槻)枝宿祢・師世(中原)朝臣・六

位外記親種(清原)・六位史盛久(安倍)等參陣、兩局勢　宣旨聞書等持參、各砂金十兩被下之云〻、

石清水神人自害

後聞、今日八幡神人於社中自害、但未死以前引出之間、不可爲穢之由、社勢申之云〻、

縣召除目始

廿四日、庚午、縣召除目始也、執筆中山宰相中將定親卿、奉行職事頭左大弁房長(甘露寺)朝臣、當局奉行師世朝臣、

廿五日、辛未、除目中夜也、

足利義教大納言に任ず

廿九日、乙亥、除目入眼也、室町殿令任大納言給之間、依被避彼惡日延引云〻、今日先御上階事被　宣下、大內記爲清(五條)朝臣持參御位記、砂金十兩被下之、翌日師世朝臣持參除書、砂金十兩被下之、散狀可尋記之、

四月小

旬平座

一日、丁丑、平座、上卿不參、〻議中御門宰相宗繼(松木)卿・少納言宗業(清原)眞人・左中弁資親(日野)奉行職事・六位外記親種(清原)・史盛久(安倍)等參陣云〻、

平野祭

八日、甲申、平野祭、上卿不參、左中弁資親參向、六位外記不參、史、、、

松尾祭社家に付す

今日松尾祭被付社家了、

梅宮祭

九日、乙酉、梅宮祭、上卿不參、右(左)中弁資家(親)參向云々、

賀茂祭警固

十九日、乙未、賀茂祭警固、上卿三條大納言公保卿(三條西)、職事藏人右少弁明豐(中御門)、六位外記親種、諸衞藏人左近將監懷藤(藤原)云々、

日吉祭

廿日、丙申、日吉祭、上卿西園寺大納言公名卿・權右少弁政光(裏松)・六位外記康富(中原)・六位史員職(高橋)・召使、、等參向之、

賀茂祭

廿一日、丁酉、賀茂祭、典子(侍)(顯子)、、新中納言親光卿(廣橋)息女云々、近衞使左少將資益(白川)、官人大判事章鄕(中原)、行列外記親種、奉行職事右少弁明豐、

東山太子堂燒亡

今日丑剋、東山太子堂燒亡、

解陣

廿一(二)日、戊戌、解陣、上卿葉室中納言宗豐卿、職事右少弁明豐、六位外記康富、諸衞藏人爲治(源)云々、

吉田祭

廿四日、庚子、吉田祭、上卿万里小路大納言時房卿・左少弁幸房(清閑寺)・六位外記康富・史員

職・召使、、參向之、

八幡宮一社奉幣神人亂行事に依る

廿六日、壬寅、雨降、今日八幡一社奉幣也、是依去月十五日神人濫行事也、上卿右大將(久我)清通卿使兼行、職事奉行頭左大弁(甘露寺)房長朝臣・權右少弁政光、兩局(小槻)周枝宿祢・(中原)師世朝臣・六位外記親種・史盛久等參陣、參議不參、頭弁書定文云々、陰陽寮不參、使次官宮內卿(世尊寺)行豐朝臣、六位外記・史御訪各二百疋被下行云々、掃部寮役五十疋被下行之了、官掌・召使御訪同被下行云々、

五月大

一日、丙午、

足利義教坂本に赴く

四日、己酉、室町殿(足利義教)坂本御出、爲明日小五月會御見物也、

足利義教賀茂競馬見物

五日、庚戌、室町殿自坂本令向賀茂給、競馬御見物也、

六月大

一日、丙子、

止雨奉幣

三日、戊寅、祈（止）雨奉幣也、上卿按察大納言資家（土御門）卿云々、

祈年祭

九日、甲申、祈年祭也、去二月依勢州路次物忩延引、上卿按察大納言資家卿・權右少弁政光（裏松）奉行職事・少外記宗種（清原）・右大史盛久（安倍）・召使行繼（宗岡）等參向、先於陣有日時定云々、

月次神今食

十一日、丙戌、月次・神今食也、上卿葉室中納言宗豊卿・參議四辻宰相中將季保卿・少納言宗業（清原）眞人・權右少弁政光・少外記親種（清原）・右大史盛久・召使行繼等參之、

祇園御靈會

十四日、己丑、祇園御靈會如例、

祇園臨時祭なし

十五日、庚寅、祇園臨時祭无之、

智海大珠禪師號宣下

廿一日、丙申、嚴中（周噩）和尚禪師号内々被　宣下、上卿万里小路大納言（時房）、職事頭左大弁房長（甘露寺）朝臣云々、号智海大珠禪師云々、

足利義教清和院に赴く

廿五日、庚子、室町殿（足利義教）渡御清和院、

祈雨奉幣

廿日、乙巳、祈雨奉幣、上卿勧修寺中納言經成卿、職事藏人左少（中）弁資親（日野）官方兼行、外記不參、六位史盛久云々、

七月小

一日、丙午、

伊勢山田土一揆蜂起

十三日、戊午、後聞、今日伊勢山田土一揆蜂起、燒拂山田、神人少々被致害、穢氣及外宮、三十ヶ日穢云々、被尋例云々、

細川持元卒去

十四日、己未、今日細川右京大夫持元逝去、三十一云々、傷寒所勞也、

足利義教攝政邸に赴く

廿四日、壬申己巳、室町殿（足利義教）渡御攝政殿（二條持基）御第、

八月大

日蝕

一日、乙亥、天陰雨降、日蝕辰時不正現、

釋奠

三日、丁丑、雨降、釋奠也、上卿葉室中納言宗豐卿、參議菅宰相在直（唐橋）卿、少納言長郷（高辻）朝

禮記

任大臣節會小除目

足利義教右大將に任ず

臣、弁不參、權弁(裏松政光)可參向之處、臨期違例云々、大外記(中原師世)不參、四位大史周枝(小槻)宿祢、六位外記二﨟宗種(清原)、六位史盛久(安倍)、召使行繼(宗岡)、座主直講師孝(中原)、講書禮記、文人文章博士在豐(唐橋)朝臣題者、題云樂事勸功、礼記第四云々、・、、繼長(高辻)講師、序者菅原在鄉(唐橋)在豐朝臣息、　三道竪義如例、大儒以後、初度申沙汰也、堂監雇五條了、今日功人七人、竿道四人・竪義學生一人、堂監・問者學生各一人、　已上行繼擧申、　兼日被　宣下了、奉行頭右大弁忠長(甘露寺)朝臣也、今度不出儒牒、依爲師孝一人也、去春如然云々、今日儀、於官司作事木屋被行了、

四日、戊寅、雨降、今日任大臣節會幷小除目也、午剋有其儀、内弁西園寺大納言公名卿、外弁中御門中納言俊輔卿、葉室中納言宗豐卿・中御門宰相宗繼(松木)卿・園宰相基世(持明院)朝臣、少納言長政(東坊城)朝臣、弁不參、兩局周枝宿祢・師世朝臣・六位外記康富(中原)・史盛久、史生〔次將々々〕左隆遠(鷲尾)朝臣・右公知(一條)朝臣・資益(白川)、召使行繼等參之、職事頭左大弁房長(甘露寺)朝臣、小除目上卿内弁兼行、陣執筆中御門宰相云々、

事了、局務持參除書於室町殿(足利義教)、今日令任右大將給、祿物砂金十兩被下之、永和御例云々、中次左兵衛權佐永豐(高倉)朝臣、

今日人々參賀、申次永豐朝臣云々、

今日節會、闈司座三十疋被下行之、

北野祭

今日北野祭如例、臨時祭无之、

石清水放生會

十五日、己丑、放生會、上卿新藤中納言秀光(日野)卿・參議四條宰相隆夏朝臣・右少弁明豊(中御門)・權少外記宗種・右大史盛久・召使行繼・次將綾小路中將長資(田向)朝臣・右馬頭兼勝(卜部)朝臣等參向之、

月蝕

今日月蝕、卯辰巳時也、依降雨不知現否、御所裹如例沙汰了、

駒引

十六日、庚寅、駒牽也、上卿藤大納言隆光(武者小路)卿・參議中山宰相中將定親卿・少納言宗業(清原)眞人・左中弁資親(日野)職事兼行・次將左中將定長(土御門)朝臣・外記康富等參之云々、

足利義教石清水社參始

十七日、辛卯、朝間雨降、今日室町殿八幡御社參始也、辰剋出御、四方輿、御小直衣、於八幡御宿坊被着御淨衣、公卿万里小路大納言時房卿・勸修寺中納言經成卿・新中納言親光(廣橋)卿、已上四方輿也、殿上人三條中將實雅(正親町三條)朝臣・左兵衛權佐永豊朝臣・菅侍從益長(東坊城)・左衛門佐嗣光(土御門)・伯少將資益・權右少弁政光、諸大夫康任(惟宗)朝臣・經康(高階)、已上淨衣、騎馬、衛府六人云々、陰陽師土御門三位在盛(有)卿四方輿、

佐女牛若宮

御還向、御參佐女牛若宮云々、酉剋還御、

今日畠山尾張守持國直垂、騎馬、管領代・同三郎(持富)、同、小侍所代・赤松伊与守(義雅)、同、侍所代、已上御後ニ

令御共了、尾張守騎馬共十人各直垂、召具之、小侍所并侍所各六人召具之、

八社奉幣

廿二日、丙申、被發遣八社伊・石・賀・松・平・稲・春・原奉幣使、是來廿九日遷幸御祈也、先於陣有日時定、上卿按察大納言資家卿(土御門)八幡使、参議宗繼卿平野使、左中弁資親、職事頭右大弁忠長朝臣、両局周枝宿祢・師世朝臣・六位宗種・員職(高橋)等参陣、陰陽寮頭有富朝臣(土御門)一人参云々、

石清水使上卿兼行、賀茂權中納言宗豐卿・松尾参議清房卿(海住山)・平野参議宗繼卿・稲荷散位藤原(世尊寺)行豐朝臣・春日權大納言公名卿・大原野侍従菅原益長等也、午剋被始行云々、

今日南殿并清涼殿御倚子行事所始等在之云々、

畠山滿家上表

今日管領畠山(滿家)上表、則被仰前左兵衛佐義淳(斯波)云々、

仙洞舞御覧
足利義教院参

廿五日、己亥、於　仙洞舞御覧、室町殿御参、三寶院准后(滿濟)・攝政殿(二條持基)御参會、室町殿万疋御持参云々、

管領出仕始

廿八日、壬寅、新管領義淳出仕始也、主人乘輿、騎馬共十騎也、

足利義教始めて具足を著す

今日室町殿始而被召御具足云々、

高倉御所より土御門御所に遷幸

內侍所渡御

大殿祭
御井祭

廿九日、癸卯、天晴、今日 遷幸也、渡御土御門殿、自去年七月以三条前右府(公光)土御門高倉第爲 皇居、依爲咫尺步儀也、無移徙之儀、永仁六年例云々、亥剋有 行幸、公卿万里小路大納言時房卿・左大將信宗(大炊御門)卿今日有拜賀・花山院大納言持忠卿・花修(勸)寺中納言經成卿・葉室中納言宗豐卿・新中納言親光卿・中御門宰相宗繼卿・山科宰相家豐卿・四條宰相隆夏朝臣、次將左爲之朝臣(冷泉)・基尹朝(月輪)臣候攝政殿御裾・定長朝臣・隆遠朝臣、右實雅朝臣・資益、左衛門府大(少)尉明世(坂上)、右衛門府佐範(岡崎)景・忠大石惟弘、左兵衛府權佐永豐朝臣、右兵衛無之、職事頭左大弁房長朝臣・同右大弁忠長朝臣奉行・藏人左(右)少弁明豐・同權右少弁政光・六位源重仲・藤原懷藤・源爲治、兩局周枝宿祢・師世朝臣・業忠(清原)・六位外記宗種・康冨・六位史盛久・貝職・召使行繼等參之、內侍所渡御、爲之朝臣・政光・康冨・貝職等供奉、兩御所門內許供莚道、召仰上卿左大將本所賞事、同被仰之、以正四位下藤原(三條)實量被敍從三位、中將如元、攝政殿御供奉如例、路次、出御東門南行、鷹司西行、東洞院北行、入御四足門、

今日先有大殿祭・御井祭等、

傳 奏万里小路大納言、

室町殿於土御門東洞院有御見物、

九月小

一日、乙巳、天晴、

御燈なし

三日、丁未、御燈無之、

改元定

五日、己酉、天晴、改元定也、代始、公卿万里小路大納言時房卿・勸修寺中納言經成卿・葉室中納言宗豐卿・新中納言親光卿(廣橋)・中山宰相中將定親卿、奉行職事頭左大弁房長朝臣(甘露寺)、弁權右少弁政光(裏松)、兩局周枝(小槻)宿祢・師世(中原)朝臣・業忠(清原)・六位外記宗種(清原)・史盛久(安倍)少内記・大内記爲清(五條)朝臣・召使行繼(宗岡)等參之、改正長二年、爲永享元年、依爲代始改元、無赦儀、去年如此云〻、去七月一日被　宣下勘者云〻、上卿左大臣(一條兼良)于時右府、勘者按察大納言資家(土御門)卿・日野新中納言盛光(日野西)卿・新藤中納言秀光(日野)卿・新中納言親光卿・前菅宰相在直(唐橋)卿・文章博士長廣〔郷〕(高辻)朝臣少納言・在豐(唐橋)朝臣等也、今度字在豐朝臣撰申云〻、

重陽平座

九日、癸丑、天晴、重陽平座、上卿不參、〻議隆夏(四條)朝臣・少納言長政(東坊城)朝臣・右少弁明豐(中御門)職事兼行・六位外記康富(中原)・史不參云〻盛繼(中原)等參陣云〻、

足利義教祇園北野社參

十一日、乙卯、天晴、室町殿(足利義教)祇園・北野御社參也、辰刻出御、御浄衣、先御參姉小路八幡、

例幣
軒廊御卜
外宮神人と土民と爭鬪
廣橋兼宣薨去
足利義教日吉社社參

次北野、次祇園也、供奉人〻、自公卿至衞府、同去月八幡御社參、武家御共無之、

今日例幣、上卿中御門中納言俊輔卿・權右少弁政光・外記宗種・史〻〻・召使行繼等參之、

十四日、戊午、天晴、軒廊御卜也、上卿三条大納言公保（三條西）卿・左中弁資親（日野）・職事頭右大弁忠長（甘露寺）朝臣・外記宗種・史盛久・召使行繼、官兼冨（吉田）朝臣・兼勝（卜部）朝臣・兼祐・兼名（吉田）、中臣清（賀茂）繼、寮有冨（土御門）朝臣・有淸（土御門）朝臣・有季（土御門）等參行、去七月十三日豐受大神宮神人与土民合戰、宮中觸穢事也、就者假殿遷宮、御在所并於假殿、可被侍營作之次第・年限哉事、次去月十三日、又外宮正殿千木頹落事等也、彼是四ヶ条云〻、

掃部寮役料足五十疋被下行之、

去夜、入道儀同三司兼宣（廣橋）卿俄薨逝云〻、

十六日、庚申、天晴、今日室町殿日吉御社參也、巳剋出御、御小直衣、四方輿、公卿万里小路大納言時房卿・勸修寺中納言經成卿・新藤中納言秀光卿・山科宰相家豐卿、已上狩衣、四方輿、殿上人右中將實雅（正親町三條）朝臣御劔役云〻・左中將爲之（冷泉）朝臣・右中將公知（一條）朝臣・左兵衞權佐永豐（高倉）朝臣・左少將隆遠（鷲尾）朝臣・右少弁明豐・左衞門佐嗣光（土御門）・少將雅親（飛鳥井）左・右少將資益（白川）・權右少弁政光、諸大夫康任（惟宗）

朝臣・經康(高階)、已上狩衣、騎馬、　衞府十人、陰陽師寮頭有富朝臣等也、今日大宮許御社參云々、有御經供養云々、室町殿御淨衣、供奉人々淨衣云々、翌日、又七社御參詣云々、

今日新中納言親光卿可扈從之處、父入道儀同三司、去十四日夜俄薨逝之間、不參者也、兼日儀彼卿申沙汰也、今日儀万里小路大納言申沙汰也、

足利義教歸還

十七日、辛未(酉、)　天晴、午剋室町殿還御了、

足利義嗣贈位宣下

今日贈位　宣下也、林光院殿(足利義嗣)左大臣從一位、御母儀(攝津能秀女、春日局)從二位、御思人從三位云々、上卿花山院大納言持忠卿・職事頭左大弁房長朝臣・少納言長鄉朝臣・外記宗種・史盛久少內記等參陣、長鄉朝臣持參　宣命於林光院、此間新作社壇被崇申林光院殿幷御母儀・御思人等云々、

足利義教奈良に赴く

廿二日、丙寅、天晴、今日室町殿南都御下向也、辰剋出御、御小直衣、四方輿、公卿万里小路大納言・勸修寺中納言(經成)・新藤中納言・山科宰相、已上狩衣、四方輿、殿上人左中將實雅朝臣・左兵衞權佐永豐朝臣・左少將隆遠朝臣・右少將行尙・右少弁明豐・左衞門佐嗣光・丶(左)少將雅親(飛鳥井)・左少將資益・權右少弁政光・右少將教賢(月輪)、已上淨衣、騎馬、　諸大夫康任朝臣・經康、衞府十人、御隨身六人、付苑、陰陽師在方卿(賀茂)等參之、

二條持基奈良に赴く

攝政殿(二條持基)同御下向、四方輿、殿上人二人少納言長政朝臣・左中將基尹朝臣(月輪)・諸大夫一人前大膳大夫則重朝臣(源)、已上淨衣騎馬也、衞府長一人被召具歟、聖護院(道意)・三寶院(滿濟)兩准后同令

下向給、

足利義教春日社參

廿三日、丁卯、天晴、今日春日御社參也、御淨衣云〻、

東大寺興福寺參詣

廿四日、戊辰、東大寺・興福寺御巡礼云〻、

廿七日、辛未、若宮祭礼御見物云〻、

足利義教奈良より還る
二條持基奈良より歸京

廿九日、癸酉、天晴、今日室町殿還御、自宇治被召御船、令至伏見給、酉剋御京着也、

今日殿上人・諸大夫狩衣也、攝政殿御共同之、

十月大

旬平座

一日、甲戌、天晴、平座、上卿不參、〻議中御門宰相宗繼(松木)卿・少納言長鄉(高辻)朝臣・左中弁〔權右少弁〕資親〔(裏松)政光〕・職事頭右大弁忠長(甘露寺)朝臣・外記宗種(清原)・史盛久(安倍)等參之云〻、

伊勢外宮日時定

廿一日、甲午、天晴、日時定、伊勢外宮假殿山口祭并官司立柱・上棟可被造高御座事等云〻、上卿葉室中納言宗豐卿・職事頭右大弁忠長朝臣・左中弁資親(日野)・六位外記宗種・史貞職(高橋)・陰陽頭在富(賀茂)朝臣等參陣云〻、

代始政始

廿二日、乙未、天晴、今日政始也、代始也、上卿勧修寺中納言経成卿・参議中山宰相中将定親卿・少納言宗業(清原)眞人・右少弁明豊(中御門)・官勢周枝宿祢・少外記宗種不遂本局初参、一臈、初参・右大史盛久・員職・官掌成茂(紀)・召使行継(宗岡)等参之、於陣有内文云々、

官司立柱

廿七日、庚子、天晴、官司立柱・上棟云々、

請印政始

廿九日、壬寅、天晴、請印政也、上卿花山院大納言持忠卿・少納言長政(東坊城)朝臣・六位外記宗種・召使行継等参之、

外宮造替日時定

今日々時定也、外宮造替山口・木本祭云々、上卿同前、職事頭右大弁房(忠)長朝臣、左中弁資親、六位外記同前、史員職、陰陽頭在冨朝臣等参之、

今夜、左中弁申廷尉佐拝賀、三事也、(去廿六)昨日任廷尉佐(左)了、

十二月大

一日、癸酉、

即位日時定

七日、己卯、御即位日時定并条々定也、上卿右大臣(近衛房嗣)殿云々、

月次神今食　十一日、癸未、月次・神今食也、

即位由奉幣　十二日、甲申、御即位由伊勢幣也、

即位敍位　十三日、乙酉、御即位叙位也、執筆月輪宰相尹賢卿云〻、

官司行幸　廿六日、戊戌、官司行幸也、

即位　廿七日、己亥、御即位也、内弁右大臣殿云〻、

伊勢一社奉幣　卅日、壬寅、伊勢一社奉幣之、

大祓　追儺如例、大秡被付諸司歟、

〔第四巻永享元年紙背文書〕

(一)自二月七日至同十日裏
高倉永藤書状

先日令申候間事、雖給候返〻恐悦候、御下部□□間事、さそと察申候、恐〻謹言、

六月七日　常充（高倉永藤）

（表書）「常充」

(二)自二月十四日至三月三日裏
中原師世書状
釋奠

此間不申承候、恐鬱候、

抑今季尺（釋）奠事可被遂行之由、其沙汰候之間、珍重候、就其於座主役等者、六角直講（中原師孝）可存知之由被申候、儒牒事無可載問者仁候、於御儒官者、御四品之時可被止之由承候、雖然問者事既及闕如候之間、如此令申候、内〻可承存候也、恐〻謹言、

正月廿六日　師世（中原）

(三)自三月十五日至同廿三日裏
中原師世書状
縣召除目

先日光臨本望恐悦候、就其自來月九日可被始行縣召除目之由、被仰下候、就明經擧并上召使擧等御位暑（署）書様、可如何候哉、助教御辞退者雖勿論候、先日御沙汰様申候之様、被仰候之

間、爲私御辭退分ニ難取置申候、其以前彼間事、不被申候者、可有如何候哉、委細可承定
候、所詮助教をハ先可載申歟事候、期面謁候、恐々謹言、

二月廿日　　師世

(四)自三月廿九日
至四月　廿日　裏

高階經康書状

捻一紙候、可有高免候、

歳暮御忩劇誠奉察候、先日御參之時分、罷出之間不遂面謁候、恐恨候、兼又、御直廬敷設、先日申万里(萬里小路時房)亞相候之間、殿中御注文分、慥可申付之由領状候間、其外當寮御沙汰不可入候哉、既疊大工まて被申付候分、於彼御直廬見及候、御心安可被思食候、何樣得寸隙候者可參賀候、不然者大略候、期明春蒙面候、恐々謹言、

十二月廿六日　　(高階)經康

(五)自四月廿一日
至同　廿六日　裏

中原師勝書状

大儒御慶事雖存內事候、殊珍重候、就者明經擧給候、則加暑(署)令返進候由、直講令申候、於案者、重可給候旨承候之由、同令申候、恐々謹言、

三月廿四日　　(中原)師勝

（六）自五月五日至六月三日裏
中原師世書状

態専使殊以恐悦候、仍應永廿七年度例文兩通慥に渡給候了、同十六年・十七年度御写本同給候了、此間旁繁劇、纒頭過賢察候、以御便路、相構之可預御尋候、聊右筆子細候之間、令省略候、恐々謹言、

四月十六日　師世

（七）自六月十一日至同廿五日裏

誠昨日入御恐悦候、就者雨中御音信、返々悦存候、又彼袍・短册御返給候了、三月利上御事爲悦候、委細事期面拜候、恐々謹言、

五月一日　□□

（八）自七月十四日至八月三日裏
高倉永藤書状

加賀より始のほせ候間、一袋進候、事々期面候、恐々謹言、

七月廿五日　常充

（九）自八月三日至同四日裏
中原師世書状
釋奠

誠先日光臨恐悦無極候、公事等連續、纒頭過賢察候、何様一日心靜可申承之由相存候、兼又、釋奠堂監高倉にて雇候、每度相語候、大破子可給之条、尤可然存候、自史生方も大破子とて取候之様聞及候、然而少御了見候て可給候欤、每事期面拜候、恐々謹言、

八月二日　　　　　　師世

(十)自八月十五日至同十七日裏
中原師世書狀
八社奉幣

何条御事御坐候哉、旁取乱候て不抵案内候、兩三日之間、御隙時分可申候、ふと思召立候者所仰候、兼又、來廿三日爲遷幸御祈、被發遣八社奉幣使之、仍應永九年度高倉(永行)中沙汰候之義、定文可渡給由申候之處、同五年七社奉幣時、就近例渡進之様、注置候之由申候、然者可申請候、其外遷幸八社奉幣定文候者、續加度候、所持候定文等写本□□、他事期面奉候、恐々謹言、

八月十九日　　　　　　師世

(十一)自八月廿二日至同廿八日裏
高倉永藤書狀

先日申候上中下七帖被書候て給候はゝ、喜存候、御隙時分御入候へ、恐々謹言、

八月廿三日　　　　　　常充

(十二)八月廿九日裏
高倉永豐書狀

今朝御隙候者、御入候へ、ちとたつね申たき子細候、指事にては候はす、只今是ニ御時分にて候、併期面候、恐々謹言、

八月廿八日　　　　　　(高倉)永豐

㈢自九月三日至同五日裏

靴の事被申候、下品之物にて候へとも、御使ニ付被進候、但靴たい、何方にてうしなはれ候は丶、候はす候、不可立御用候歟のよし、申候へく候、かしく、

㈣自九月十一日至同十六日裏
草刈に遣す

人夫之事被申候、草苅に被遣候は丶、いまた歸候はす候、かへりて候は丶、かならすまいらせられ候へく候、いまち□　□まいらせられ候へく候よし、申候へく候、かしく、

㈤自九月十六日至同廿二日裏
中原師世書狀

何等御事候哉、御床敷存候、兼又、雖比節之至候、折節見來候之間、赤飯一盆令推進候、御賞翫候者本望候、何樣近日以參拜、每事可申承候、恐々謹言、

（永享元年）九月十六日　　師世

㈥自九月廿二日至十月一日裏
中原師世書狀
神宮觸穢
軒廊御卜

此間又不申承候、恐欝候、何等御事候哉、兼又、依去七月十三日神宮觸穢事条々事、可被行軒廊御卜候、同日条々事、被行御卜事、先規連綿候歟、就其勘例事兼日整置、上卿施行到來之時、則付進上卿候（歟）、若又、退令与奪六位外記候哉、近者應永廿三年就神宮事、被行軒廊御卜候歟、委細承候者恐悅候、今度之儀先代未聞事候歟、勘例等纒頭過賢察候、恐々謹言、

九月十一日　　師世

(七)自十月廿一日至同廿九日裏
高倉永藤書状

此間以外鬱々無極候、兼又、乏少候へとも、たうふ進候、御賞翫候はゝ、可喜存候、大儀無為返々珍重候、菅侍従（東坊城益長）□定御きゝ候哉、おかしく候、恐々謹言、

十月一日　　常充

(六)自十二月七日至同卅日裏
中原師世書状

中原師顯記

外宮造替

早々御写候て可給候、加様記等大切之時分候、

恐鬱存候之處、芳問承悦候、近日相構之、可預御音信候、兼又、正元彼御記事承候、則放取進候、就其件度師顯（中原）朝臣記ニ擬侍従土代折紙ハ候之様注置候、近來之儀、只小歴名計様候、此間事不審存候、將又去月廿九日日時定ハ、外宮造替山口・木本祭候、左中弁（日野資親）廷尉佐、去月廿六日左衛門権佐候、毎事期面拝候、恐々謹言、

十一月十二日　　師世

（表書）
「――――　師世」

〔第五巻〕

(端裏)「永享二
大嘗會下行、室町殿(足利義教)御拜賀昇□　　□」

永享二年

正月小

元日節會

一日、癸卯、天晴、今日節會、內弁西園寺大納言公名卿云〻、

四方拜なし

小朝拜・御藥如例云〻、四方拜無之、

立春

五日、丁未、立春也、

敍位議

六日、戊申、天晴、敍位議也、執筆中山宰相中將定親卿云〻、昨日延引、依　禁裏(後花園天皇)御衰日歟、

白馬節會

七日、己酉、天晴、白馬節會、内弁万里小路大納言時房卿云々、

踏歌節會

十六日、戊午、天晴、踏歌節會、内弁左大臣殿(一條兼良)御參云々、今夜御拜賀云々、

卽位の敍位

廿八日、庚午、天晴、今夜被行御卽位叙位、執筆中御門宰相宗繼(松木)卿、入眼上卿勸修寺中納言經成卿、奉行職事藏人頭右大弁忠長(甘露寺)朝臣・左少弁明豐(中御門)・右少弁政光(裏松)、少納言宗業(清原)眞人・官務周枝(小槻)宿祢・局務師世(中原)朝臣・六位外記康富(中原)・中務輔時音(小槻)等參陣云々、

二月小

「(押紙、後筆)聞書
女叙位・砂金取」

春日祭延引
女敍位
足利義教室敍位

一日、壬申、天晴、春日祭延引、今日局務(中原師世)持參女叙位除書於御所、(足利義教室、裏松宗子)御臺御叙品之故也、砂金十兩被下之、申次永豐(高倉)朝臣云々、

祈年祭

四日、乙亥、雨降、祈年祭、上卿左大將信宗(大炊御門)卿・左少弁明豐(中御門)・少外記親種(清原)・左少史盛時(安倍)・召使行寛(宗岡)等參向云々、

園韓神祭

六日、丁丑、天晴、園・韓神祭也、上卿藤中納言行光(柳原)卿・弁明豐・外記宗種(清原)・召使行寛等參行之、

釋奠延引

今日釋奠延引、座主并文人等故障之故也、

大原野祭

八日、己卯、天晴、大原野祭也、上卿中御門中納言俊輔卿・左少弁明豊・外記康富(中原)・召使行寛等參向之、

春日祭

十三日、甲申、天晴、春日祭也、上卿新藤中納言秀光(日野)卿・右少弁政光(裏松)・外記親種・史員(高橋)職・召使行寛等參向之、使右少將兼重(楊梅)云々、

釋奠
毛詩

十六日、丁亥、天晴雪降、々々釋奠也、上卿不參、々議九条宰相清房(海住山)卿・少納言長郷(高辻)朝臣題者、題云勉之以正・右少弁政光奉行・官務周枝(小槻)宿祢・六位外記康富・史盛久(安倍)・召使行寛・座主直講師孝(中原)、講書毛詩・講師式部少輔在綱(唐橋)・序者在尙(菅原)・文人在實(唐橋)朝臣等參向之、今度釋奠雖重服本道方事、中沙汰了、依有先例也、儒中一人之間、今度又不及出儒牒者也、

雨雪
祈年穀奉幣

十七日、戊子、終日雨雪、今日被行祈年穀奉幣、先被勘日時、上卿藤大納言隆光(武者小路)卿・參議四條宰相隆夏卿・權右少弁嗣光(土御門)職事兼行・官務周枝宿祢・局務師世(中原)朝臣・六位外記康富・史盛久等參陣、大內記・陰陽寮等不參之、　本官儀雨儀云々、

三月大

一日、辛卯（丑）、

御燈なし

二〔三〕日、癸卯、御燈無之、

足利義教石清水社參

九日、己酉、天晴、今日室町殿（足利義教）八幡御社參也、殿上人飛鳥井中將雅永朝臣・三条中將實（正親町三條）雅朝臣・冷泉中將爲之朝臣・左兵衛權佐永豐（高倉）朝臣・權右少弁嗣光（土御門）・伯少將資益（白川）、諸大夫康任（惟宗）朝臣・經康（高階）等云々、公卿無之、陰陽師在盛（勘解由小路）卿云々、布衣等可尋、

北野社一切經會

廿一日、辛酉、天陰、申剋已後雨降、北野一切經會也、万里小路大納言時房卿・四条宰相隆夏卿・右中弁幸房（清閑寺）等參向云々、雨脚已前事終云々、

縣召除目始

廿八日、戊辰、今日縣召除目也、執筆中御門宰相宗繼（松木）卿云々、

廿八日（「廿九日」ノ次ニ記サレテヰル）、除目入眼也、

縣召除目中夜

廿九日、除目中夜也、

○次の散状は異筆。「二日」の次に插入されてゐる折紙であるが、その裏面の記は便宜上「以下裏面」と注記して、「表」に連記した。

縣召除目初夜

二條持基

永享二、三、廿八、
縣召除目初夜

公卿

藤大納言 隆光卿（武者小路）　京極中納言 實光卿（西園寺）

飛鳥井宰相 不參（雅世）　中御門宰相 宗繼卿　執筆

弁

幸房 右中弁

散狀外

攝政殿（二條持基）

職事

頭左大弁 房長朝臣（甘露寺）　同右大弁 忠長朝臣（甘露寺）

權右少弁 嗣光　藤原懷藤

莒文弁

右中弁　權右少弁

兩局

周枝宿祢（小槻）　師世 奉行（中原）

（清原）宗種　（清原）親種　（中原）康富
右大史盛久（安倍）　召使行寛（宗岡）
所役
菅少納言長（高辻）郷朝臣
前修理大夫經康
（廿九日）縣召除目中夜
縣召除目中夜
公卿
勸修寺中納言經成卿　新藤中納言（日野）秀光卿
新中納言親光卿（廣橋）　中山宰相中將定親卿
中御門宰相
弁
幸房
此外
攝政殿

職事
頭左大弁　（中御門）明豊　左少弁
莒文弁
右中弁　左少弁
○以下折紙裏面
両局
師世　宗種　親種
康富　左少史（安倍）盛時　召使行寛
所役
長郷朝臣　經康
（卅日）縣召除目竟夜
公卿
公名卿　西園寺大納言　入眼上卿　京極中納言
行光卿（柳原）藤中納言　中御門宰相

縣召除目後夜

新宰相《隆夏卿》

弁

嗣光

此外

攝政殿

職事

頭左大弁　左少弁

權右少弁　重仲（源）　爲治（源）

莒文弁

左少弁　權右少弁

兩局

周枝宿祢　師世

宗種　親種　康冨

右大史
貝職（高橋）　召使行繼（宗岡）

所役

長郷朝臣　經康

四月小

旬平座

一日、辛未、旬平座、上卿藤大納言隆光（武者小路）卿・少納言宗業（清原）眞人・權右少弁嗣光（土御門）奉行・少外記宗種（清原）・左少史盛繼（中原）等參陣云々、

松尾祭

二日、壬申、松尾祭、權右少弁參向云々、

平野祭延引

平野祭延引了、

梅宮祭

三日、癸酉、梅宮祭、上卿西園寺大納言公名卿・右中弁幸房（清閑寺）・少外記親種（清原）・召使行寛（宗岡）等參向云々、

賀茂祭警固

十三日、癸未、賀茂祭警固也、上卿三条大納言公保（三條西）卿・奉行職事權右少弁嗣光・少外記宗種・諸衛左中將隆遠（鷲尾）朝臣等參陣、

日吉祭

十四日、甲申、天晴、日吉祭也、上卿花山院大納言持忠卿・左少弁明豐（中御門）・權少外記康富（中原）・左少史盛時（安倍）・召使行寛等參向之、

賀茂祭

十五日、乙酉、天晴、賀茂祭也、典侍日野一位入道(有光)被沙汰立之、近衛使左少將資益(白川)、官人明世(坂上)、行列外記宗種云々、

解陣

十六日、丙戌、解陣、上卿葉室中納言宗豊卿、職事權弁(土御門嗣光)、外記親種、諸衛藏人爲治(源)云々、

吉田祭

十八日、戊子、雨降、吉田祭也、上卿不參、左少弁明豊・外記康富・史盛時・召使行寛等參向之、祭礼儀、天晴後被行之、

大嘗會國郡卜定

廿三日、癸巳、雨降、今日大嘗會國郡卜定也、公卿右大臣殿(近衛房嗣)・万里小路大納言時房卿・西園寺大納言公名卿・勸修寺中納言經成卿・中山宰相中將定親卿陣執筆・新宰相尹賢卿(月輪)、左少弁明豊、奉行職事頭右大弁忠長朝臣(甘露寺)、兩局周枝宿祢(小槻)・師世朝臣(中原)・六位外記康富・史盛久(安倍)、神祇官兼勝(卜部)・兼祐等朝臣、中臣、、等參陣云々、兼富朝臣(吉田)・兼名(吉田)俄依輕服不參云々、
今日寮役八十疋、被下行候了、

平野祭

廿六日、丙申、平野祭也、上卿不參、左中弁資親朝臣(日野)・外記康富・史員職(高橋)・召使行寛等、參向之、

後小松院足利義教邸に御幸

廿八日、戊戌、雨降、今日　上皇(後小松院)御幸室町殿、供奉公卿万里小路大納言時房卿・勸修寺中納言經成卿・新藤中納言秀光(日野)卿執權・新中納言親光(廣橋)卿・飛鳥井宰相雅世卿、殿殿上人雅永(飛鳥井)朝臣・實雅(正親町三條)朝臣・永豐(高倉)朝臣・嗣光御幸奉行・資任(烏丸)・資益等云〻、御車寄三条前右府(公光)烏帽子直衣、令參給、

二條持基三寶院滿濟參會

足利義教院參

廿九日、己亥、今日室町殿(足利義教)御　院參云〻、攝政(二條持基)殿烏帽子直衣、御參會、三寶院准后(滿濟)同令候給云〻、御出申剋、還御子剋云〻、

五月大

一日、庚子、天晴、

大嘗會行事所始日時定

十二日、辛亥、天晴、入夜雨降、今日大嘗會行事所始日時定、上卿勸修寺中納言經成卿・職事頭右大弁忠長(甘露寺)朝臣・左中弁資親(日野)朝臣悠紀行事・左少弁明豐(中御門)主基行事・官勢周枝(小槻)宿祢・六位外記宗種(清原)・右大史盛久(安倍)・貝職(高橋)・陰陽寮有富(土御門)朝臣寮頭・在豐(勘解由小路)・有季(土御門)等參陣、陰陽寮等不着腋陣云〻、陣儀了、今夜有行事所始、參向人〻可尋、

今日　寮役百五十疋被下行了、三十疋日時定分、百二十疋爲行事所始分、

今日山座主梶井(義承)拜堂也、

大嘗會悠紀主基行事所移

卅日、己巳、天晴、今日大嘗會悠紀・主基行事所移也、參向人〻可尋、今日寮役百疋被下行了、

祈雨奉幣

今日有祈雨奉幣、上卿勸修寺中納言經成卿、職事藏人左少弁明豐、外記不參、史員職等參陣云〻、

大嘗會大祓

今日大嘗會大秡有之、寮役三十疋也、

六月大

一日、庚午、朝間雨降、

祇園社神輿迎

七日、丙子、天晴、祇園御輿迎如例云〻、

月次神今食

十一日、庚辰、天晴、月次・神今食、上卿花山院大納言持忠卿・參議四条隆夏《宰相》卿・少納言宗業（清原）眞人・權右少弁嗣光（土御門）・權少外記康富（中原）・左少史盛時（安倍）・召使行嗣等參之、

足利義教院參猿樂

今日室町殿（足利義教）御　院參也、有猿樂云〻、

足利義教勸修寺邸に赴く

十二日、辛巳、今日室町殿渡御于勸修寺亭、武家大名參會云〻、

祇園御靈會

足利義教二條持基邸に赴く

大祓

大嘗會大祓禁裏節折

十四日、癸未、雨降、祇園御靈會如例、雨脚休時分、風流等渡之云々、今日室町殿御棧敷御出無之、聊有御痢病氣云々、

廿九日、戊戌、今日室町殿渡御攝政殿（二條持基）、

卅日、己亥、天晴、大祓、參議宗繼卿（松木）・左中弁資親朝臣（日野）・六位外記康富・史員職（高橋）等參向、先大嘗會大祓有之云々、參行人同前、禁裏節折如例、當寮役御半帖・宮主座等進之、例大祓并節折料足三十疋也、大嘗會大祓自五月至當《七》月三ケ月分九十疋兼日被下行候了

七月小

一日、庚子、天晴、

乞巧奠

七日、丙午、天晴、乞巧奠、當寮役如例、

十三日、壬子、天晴、今日參靈山、

盆供

十五日、甲寅、天晴、盆供如例、

足利義教三寶院に赴く
足利義教拜賀習禮

十六日、乙卯、天晴、今日室町殿(足利義教)渡御于三寶院准后(滿濟)坊、有御拜賀御習礼、攝政(二條持基)殿有渡御、新中納言(廣橋親光)御拜賀奉行・藤宰相(高倉永藤)入道等祗候云々、

足利義教習禮

十七日、丙辰、今日於室町殿有御習礼、攝政殿有御參云々、
今日別當・廷尉佐以下被　宣下之云々、

足利義教習禮

十九日、戊午、今日又於室町殿有御習礼云々、

足利義教攝政邸に赴き習禮

廿二日、辛酉、室町殿渡御于攝政殿、有御拜賀御習礼云々、

廿三日、壬戌、天晴、今朝(日)室町殿寢殿御庇五ヶ間弘莚令敷之、爲當寮役致沙汰、粁足二百疋兼日被下行候了、

足利義教習禮

今日又於室町殿有御習礼云々、

足利義教任右大將拜賀

廿五日、甲子、天晴、今日室町殿右大將御拜賀也、其儀每事被用康暦例云々、酉斜出御、於路次取松明、公卿・殿上人以下見散狀、奉行新中納言親光卿、藏人權弁(土御門)嗣光也、武家奉行攝津掃部頭滿親朝臣束帶云々、禁裏申次頭右大弁(甘露寺)忠長朝臣、仙洞申次三条中將(正親町三條)實雅朝臣、

足利義教參內

先御參　內裏、次仙洞云々、床子座少納言(高辻)長鄉朝臣・(五辻)爲淸朝臣去十七日拜任之・左大史(小槻)周枝宿祢・

爲緒宿祢(小槻)去十七日還任之・大外記師世朝臣(中原)等候之、權少外記康富(中原)參陣云々、

二條持基參會

攝政殿御參會、於　仙洞者有三獻云々、

今度公卿・殿上人窮困人々各被下御訪、公卿五千疋、殿上人三千疋云々、後日被下之、

廿八日、丁卯、今日人々參賀也、兩日々次不宜云々、

廿九日、戊辰、今日僧中參賀云々、

八月大

日蝕

一日、己巳、雨降、今日々蝕一分、中剋、　御所裝如例、寮役料足、自藏人方七十疋沙汰云々、雖加問答、不承引、以外之所行也、

北野祭

四日、壬申、北野祭如例云々、臨時祭无之、

釋奠

尙書

九日、丁丑、天晴、釋奠也、上卿中御門大納言俊輔卿・洞院中納言實熙卿・參議九条宰相清房卿(海住山)・少納言爲清朝臣(五條)、弁不參、兩局周枝宿祢(小槻)・師世朝臣(中原)・六位康富(中原)・盛久(安倍)讀師・召使行繼(宗岡)、座主直講師孝(中原)、講書尙書、文人爲清朝臣・在實朝臣(唐橋)・在豊朝臣(唐橋)題者、題云惟民從又、尙書第五・序者菅(唐

(橋)原在郷等參之云々、今度又不出儒牒、儒中師孝一人之故也、奉行藏人權右少弁嗣光(土御門)也、
功人七人被　宣下了、

石清水放生會

十五日、癸未、時々雨降、放生會、上卿京極中納言實光(西園寺)卿・參議月輪宰相尹賢卿・權右少弁嗣光・少外記宗種(清原)・右大史盛久・次將右中將長資(田向)朝臣・右馬頭寮兼勝(卜部)朝臣等參向之、
依神人訴訟出御遲々云々、

月蝕

今夜月蝕、亥剋三分、自晩景晴天也、御所褁如例、寮役料足五十疋公方足也、

駒引

十六日、甲申、天晴、駒牽、上卿藤大納言隆光(武者小路)卿、四条宰相隆夏卿、左少弁明豐(中御門)奉行職事、少外記親種(清原)、引分將右少將行尚云々、

暴風雨被害甚大

十八日、丙戌、終夜甚雨、自天明大風、言語道断也、洛中・洛外舍屋、皆以破損、官司西廊南門顛倒、東門・北門破損云々、洪水、又以外也、凶年之基也、

政始

廿二日、庚寅、雨降、今日政始也、上卿花山院大納言持忠卿・參議中山宰相中將親定(定親)卿・少納言長鄉(高辻)朝臣・三事右少弁政光(裏松)・左大史周枝宿祢・少外記宗種・右大史盛久・員職(高橋)・官掌、、・召使行繼・内豎康(川)行等參之、寮役料足百五十疋也、

大祓

今日上旬大秡也、依雨人々不及參行、其由許云々、寮役五月以後三ヶ度分、兼日九十疋
被下行了、

請印政

廿五日、己〔癸〕巳、雨降、今日請印政也、上卿京極中納言實光卿・少納言爲清朝臣・少外記
宗種・史生行繼等參之、寮役料足五十疋被下行了、

大嘗會齋場所點地及び荒見川祓

今日齋場所点地也、參向人々可尋之、
今日荒見川秡也、以上兩条人々雖參向、依甚雨不及着座云々、
齋場所点地・荒見川秡兩条分、寮役料足百五十疋被下行了、

大祓

廿八日、丙申、天晴、今日下旬大秡歟、人々不及參行歟、

大嘗會月次大祓

卅日、戊戌、天晴、今日大嘗會月次大秡也、右中弁幸房（清閑寺）悠紀行事參向之云々、寮役料足三十疋
被下行了、

九月大

一日、己亥、雨降、

大風家屋破損

二日、庚子、申剋大風、卽時休、洛中・洛外舍屋少〻破損了、

御燈なし

三日、辛丑、御燈無之、

重陽平座

九日、丁未、雨降、平座、上卿中御門大納言俊輔卿、少納言爲清（五條）朝臣、左少弁明豐（中御門）職事兼行、外記宗種（清原）、史不參云〻、

止雨奉幣

十日、戊申、天晴、今日止雨奉幣也、上卿京極中納言實光（西園寺）卿云〻、依連日雨降、被發遣之了、

例幣

十一日、己酉、天晴、例幣、上卿藤大納言隆光（武者小路）卿・權右少弁嗣光（土御門）・外記宗種・史盛久（安倍）・召使行繼（宗岡）等參之云〻、

御禊行幸日時定装束司次第司除目留守定

十四日、壬子、天晴、今日御禊　行幸日時定并装束司・次第司・除目・留守定也、公卿内大臣淸通（久我）公・京極中納言實光卿・葉室中納言宗豐卿・洞院中納言實熈卿・四條宰相隆夏卿陣執筆、右中弁幸房（清閑寺）、職事頭左大弁房長（甘露寺）朝臣奉行、兩局周枝（小槻）宿祢・師世（中原）朝臣・權少外記康富（中原）・左少史盛時（安倍）、陰陽寮有富（土御門）朝臣寮頭・有清（土御門）朝臣・在豐（勘解由小路）等參之、陰陽寮着腋陣、仍當寮設座、

今日藏人方行事所始云々、六位藏人（源）爲淸歟、・出納小舍人等着座、其所殿上下侍歟、當寮同設座、寮役料足三十疋、自藏人方渡之了、陰陽寮座以之通用了、

中原師行任寮頭

十七日、乙卯、天晴、以師行（中原）可讓任寮頭之由、付傳奏按察卿（土御門資家）申之、仍相副折帋於狀付進之、爲大嘗會參役讓任之由申之了、

廿一日、己未、天晴、寮頭讓任事、傳奏被伺申之處、勅許無相違云々、翌日被宣下了、今日々付也、藏人權右少弁書口宣、下知上卿（武者小路隆光）藤大納言了、

廿三日、庚〈辛〉酉、局務（中原師世）送寮頭宣旨了、

御禊行幸雜事始

廿四日、壬子〈戌〉雨降、今日御禊行幸雜事始也、先於陣被勘日時、上卿葉室中納言宗豐卿、裝束司長官、右中弁幸房、同次官、職事頭左大弁房長朝臣、官務周枝宿祢、右大史盛久、外記不參、陰陽寮頭在冨朝臣（勘解由小路）・秀康（賀茂）等參陣、陣儀了、上卿以下相引向官廳以東廳代、爲其所歟、雜事始儀了、於朝所有行事所云々、

今日陰陽寮腋陣座、如例設之了、

御禊行幸御前幷に衞府督代定

廿六日、甲子、天晴、今日御禊　行幸御前八十二人・卅六人定也幷衞府督代定也、上卿葉室中納言宗豐卿、參議中山宰相中將定親卿陣執筆右中弁幸房、職事〻〻藏人頭左大弁房長朝臣、兩局周枝宿祢・師世朝臣・中原康冨・安倍盛久等參陣、可用永德例之由被仰云〻、

御禊點地日時定

次點地日時定也、陰陽寮在冨朝臣・在豐・有季(土御門)等參之、着腋陣之間、當寮座如例設之了、御禊日時幷留守文等、今日被下主典次第司云〻、

大嘗會大祓

卅日、戊辰、天晴、今日大嘗會大秡也、左少弁明豐主基行事・右大史貝職(高橋)・史生・官掌等參向之云〻、

十月小

旬平座

一日、己巳、天晴、平座、上卿不參、〻議宗繼卿(松木)・少納言益長朝臣(東坊城)今日申拜賀之・權右少弁嗣光(土御門)職事兼行・外記親種(清原)・史盛時(安倍)等參陣云〻、

御禊

七日、乙亥、天晴、今日御禊次第司着座也、於官廳有之、御後長官參議隆夏卿(四條)・御前次官式部少輔菅原長繼(繼長、高辻)以下參之、御前長官權中納言秀光卿(日野)・御後次官兵部少輔藤原爲季(八條)等不參云〻、當寮役、如例致沙汰候了、今夜聞書、兵庫寮器仗欤、

内宮上棟日時定

今夜於陣有　内宮上棟日時定、上卿花山院大納言持忠卿神宮上卿・職事頭右大弁忠長朝臣（甘露寺）神宮奉行・権右少弁嗣光・右大史安倍盛久等参陣、陰陽寮々頭以下三人参之、腋陣座設之、寮役料足三十疋被下行了、

御禊行幸

今日御禊　行幸掃部寮役料足千三百五十疋被下行了、先度雑事始之時、百五十疋被下行、彼是都合千五百疋也、以此分、兼日当日儀可致其沙汰之由、伝　奏吉田前大納言（清閑寺家俊）被示之間、令領状了、仍以伝　奏、切符付摂津（満親）掃部了、

御禊點地

十四日、壬午、天晴、今日御禊点地也、権中納言宗豊卿（葉室）装束司長官・権右少弁嗣光同次官、元右中弁幸房（清閑寺）也、而被改之・官務周枝（小槻）宿祢・右大史盛久装束司判官・史生職藤・官掌、、・陰陽寮頭有富朝臣（土御門）・検非違使明世（坂上）・明慶（坂上）・勅使右少将資益（白川）等参向之、寮役如例致沙汰了、今夜、師行（中原）掃部頭、従五位上加首服、堅固内々儀也、日次事、相尋在貞朝臣（勘解由小路）了、

貢馬御覧

今日貢馬御覧云々、

御禊幄分

十九日、丁亥、天晴、今日御禊幄分也、葉室中納言・権右少弁・右大史盛久等参向之、此外参候人可尋之、

御井點地

神祇副官兼名（吉田）、、参之、有御井点地云々、

祈晴奉幣

今夜有祈晴奉幣、上卿三条大納言公保卿・頭左大弁房長朝臣（甘露寺）奉行・権右少弁・外記宗種（清原）・

女騎馬內覽

官司行幸
足利義教一品に敍す

內侍所渡御

史盛久等參陣、
今夜有女騎馬御覽也、毛付次將右中將有定（六條）朝臣也、
廿五日、癸巳、去夜雨降、今朝晴、今日官司　行幸也、先被進一品、室町殿（足利義教）御拜賀扈從公卿左大將信宗（大炊御門）卿・新中納言親光（廣橋）卿・中山宰相中將定親卿、殿上人雅永（飛鳥井）朝臣・實雅（正親町三條）朝臣・永豐（高倉）朝臣・資任（烏丸）・嗣光、地下前駈六人・御隨身六人也、衞門府帶刀等可尋、令經床子座給、少納言爲淸（五條）朝臣・益（東坊城）長朝臣・左少弁明豐（中御門）・左大史周枝宿祢・爲緒（小槻）宿祢・大外記師世（中原）朝臣等候之、少納言以下平伏云々、中次頭右大弁欤、
亥剋官司　行幸也、召仰上卿左大將云々、室町殿御供奉、公卿右大將殿（足利義教）・左大將・新中納言・中山宰相中將・中御門宰相宗繼（松木）卿・九条宰相淸房（海住山）卿・新宰相尹賢（月輪）卿、少納言益長朝臣、次將左隆遠（鷲尾）朝臣、右實雅朝臣・公久（三條）朝臣、左衞門府資任・明世、左兵衞府永豐朝臣、職事房長朝臣・忠長朝臣・明豐奉行・嗣光・六位源重仲・藤原懷藤等參之、反閇有盛（土御門）卿、兩局六位淸原宗種・同親種・中原康富・安倍盛久等參之、
內侍所渡御、左少弁明豐・右中將公久朝臣・外記宗種・史盛久等供奉之、官司西廳南第之間爲內侍所欤、於官司有召仰、上卿、、、大殿祭等例云々、

當寮役出御莚道并内侍所渡御莚道内裏・官司門内許、　如例致沙汰了、

御禊行幸
足利義教二條持基等供奉

廿六日、甲午、晴陰不定、申剋晴、今日御禊　行幸也、酉下剋出御、於路次取松明、節卜、右大臣殿（近衛房嗣）・室町殿右大將御供奉于本陣、自御直廬御出立、先内々爲御衣冠御參也、攝政殿（二條持基）御供奉唐庇御車也、前陣長官別當秀光卿、依馬沛艾不供奉云々、頓宮儀裝束司長官權中納言宗豐卿被申沙汰歟、次官嗣光爲藏人供奉也、官勢先參官司云々、先着御々禊幄云々、次第儀如例歟、子剋還御、室町殿無御供奉云々、今夜則自官司還御于土御門殿、内侍所同前、

今日奉行頭右大弁也、少外記宗種於二条大宮立行列、雖然行列散々歟、

今日寮役、公卿幄兩円二帖・綠縁薄疊六枚、以上相對敷也、御禊座綠縁小半帖九枚公卿圻・黄縁半帖三枚、裝束司座、已上此分也、此外座不敷云々、御訪兼日、當日分彼是千五百疋被下行了、

大祓

廿九日、丁酉、大秡也、

十一月大

一日、戊戌、

清暑堂御神樂拍子合

三日、庚子、晴、於仙洞清暑堂御神樂拍子合有之、

大嘗會國司除目

七日、甲辰、晴、今日大甞會國司除目也、上卿西園寺大納言公名卿・執筆中御門宰相宗継（松木）卿・奉行頭右大弁忠長（甘露寺）朝臣・大外記師世（中原）朝臣・六位宗種（清原）等參陣之、

足利義教直衣始

九日、丙午、晴、室町殿（足利義教）御直衣始也、酉斜出御、公卿・殿上人、各乘車扈從云々、帶刀等在之、散狀可尋注之、

足利義教邸神宴拍子合

十二日、己酉、晴、於室町殿神宴拍子合有之、攝政殿（二條持基）御與奪之分也、永德御例云々、

官司行幸
足利義教參會
內侍所渡御

十四日、辛巳、雨降、今日官司　行幸也、室町殿御參令候御裾給、不及御供奉、召仰上卿万里小路大納言時房卿也、戌剋出御、內侍所同渡御、供奉人々見散狀、

十五日、壬子、晴、今日無殊事歟、

五節帳臺の試
後花園天皇出御なし
足利義教二條持基參會

十六日、癸丑、晴、帳臺試也、依幼主（後花園天皇）無出御、攝政殿・室町殿出御、扈從公卿可尋注之、寮役等別帋注之、

叙位議

十七日、甲寅、天陰、於攝政殿御直廬、被行叙位議、執筆新宰相尹賢卿（月輪）也、參陣人々、可尋注之、

御前の試
足利義教淵醉に參會

今日御前試也、室町殿御參渕醉、院推參等有之云々、

鎭魂祭

今日鎭魂祭、權右少弁嗣光（土御門）參行之、

大嘗會
迴立殿行幸

十八日、乙卯、晴、迴立殿　行幸也、前行左大臣殿（一條兼良）、其外公卿右大臣殿（近衛房嗣）諸司小忌・西園寺大納言卜合小忌・勸修寺中納言（經成）卜合小忌・中御門宰相卜合小忌・少納言爲清朝臣（五條）卜合・弁嗣光、卜合欤、今日皆着諸司小忌也、參役人々可尋注之、兩國標自齋場所白晝引之云々、悠紀右中弁幸房（清閑寺）近江守・右中將實雅朝臣（正親町三條）同介、主基左少弁明豐（中御門）丹波守・左少將雅親（飛鳥井）同介、此外神祇副官・檢非違使供奉云々、今度掃部頭師行（中原）不供奉、御訪纔依爲千疋也、大嘗宮　行幸葉薦役許參之、着小忌新調也、但葉薦役不隨之、以布單令敷上之間不及卷、兩行事弁令下知之故也、希代之事也、

悠紀節會

十九日、丙辰、晴、悠紀節會也、內弁內府（久我清通）被參之、

足利義教御參

室町殿御參之、

主基節會

廿日、丁巳、雨降、及晩晴、主基節會也、內弁左大將（大炊御門信宗）也、

清暑堂御神樂

室町殿御參之、今日清暑堂御神樂有之、辰巳兩日節會、師行任先規可參之處、依有存旨不參之、

豐明節會
足利義教御參
土御門殿御還御

廿一日、戊午、晴、豐明節會也、內弁西園寺大納言也、室町殿御參之、節會了、還御于土御門殿、召仰上卿万里小路大納言也、

春日祭

廿三日、庚申、雨降、及晩晴、春日祭、上卿京極中納言實光卿(西園寺)・權右少弁嗣光・權少外記忠種(清原)・左少史盛繼(中原)・召使行寛(宗岡)等參向云々、

平野祭

今日平野祭也、參向人可尋之、

吉田祭

今日吉田祭也、上卿花山院大納言持忠卿・右少弁政光(裏松)・外記親種(清原)・史員職(高橋)・召使行繼(宗岡)等參向之、

梅宮祭

廿四日、辛酉、梅宮祭也、參向人可尋之、

大嘗會解齋大祓

廿五日、壬戌、大嘗會解齋、大祓也、左少弁明豐・史盛繼・史生・官掌等參之云々、

大原野祭

廿七日、甲子、晴、大原野祭也、上卿西園寺大納言・右少弁・外記康富(中原)・召使行寛等參

向之、

廿八日、乙丑、晴、園・韓神祭也、右中弁・召使行繼參向之、

園韓神祭

閏十一月小

一日、戊辰、晴、

十二月大

一日、丁酉、晴、

十一日、丁未、月次・神今食延引、依勢州路次物忩也、

月次神今食延引伊勢路物騷

十四日、庚戌、晴、造　内宮事始也、先於陣被勘日時、上卿洞院中納言實凞卿・右中弁幸房(清閑寺)・外記親種(清原)・史盛繼(中原)・陰陽寮頭有清朝臣(土御門)、、等參陣、次於神祇官有行事所始、弁・史以下參向之云〻、

内宮事始

當寮役日時定三十疋・行事所始五十疋被下行了、

內侍所御神樂
等持寺法華八講始
別殿行幸
月蝕
等持寺八講結願
萬機旬
二條持基足利義教參會
月次神今食

腋陣陰陽寮座、如例設之了、

今夜內侍所御神樂也、神殿御座以下、如例年致沙汰了、

今日等持寺御八講始也、

十五日、辛亥、天陰、節分也、別殿　行幸也、莚道如例致沙汰了、

今夜月蝕也、亥子時云々、御所褁如例、致沙汰、粁足五十疋被下行了、行幸莚道粁足、如例被下行了、

十八日、甲寅、等持寺御八講結願也、

廿一日、丁巳、晴、今日万機旬也、上卿右大臣殿（近衛房嗣）、公卿万里小路大納言（時房）以下七人也、參陣人々等見散狀、攝政殿（二條持基）・室町殿（足利義教）御參、頭右大弁（甘露寺忠長）申沙汰之、上官着階下、但弁・少納言不着之云々、

寮役料足二百疋被下行了、女房候所座半帖九枚・階下座・莚道等、致沙汰了、

廿四日、庚申、月次・神今食也、上卿藤中納言行光卿（柳原）・參議尹賢卿（月輪）・少納言爲淸朝臣（五條）・左少弁明豐（中御門）・外記忠種（清原）・史盛繼・召使行繼等參之、先於陣被勘日時、陰陽寮不參、內々

獻勘文云々、

廿七日、癸亥、晴、今日大嘗會女叙位也、執筆中山宰相中將定親卿、入眼上卿勸修寺中納言經成卿、奉行職事左少弁明豐官方兼行、少納言爲清朝臣大内記、兩局周枝宿祢（小槻）・師世朝臣（中原）・外記清原親種・史（高橋）高員職少内記・中務少輔時繁（小槻）、此外頭右大弁忠長朝臣・權右少弁嗣光（土御門）・六位懷（藤原）藤等參之云々、

今夜妙法院宮明仁法親王二品事被　宣下云々、

今日室町殿御參　内、御　院參也、

卅日、丙寅、晴、追儺、四条宰相隆夏卿・權右少弁嗣光奉行・左近將監源爲治藏人等參之云々、

大祓有之云々、

大嘗會女叙位

明仁法親王二品宣下

足利義教院參

追儺

大祓

〔第五巻永享二年紙背文書〕

㈠自正月一日至同十六日裏　高倉永藤書狀

祝言漸雖事舊候、當幸甚〻〻候、
抑補任進候、御なほし候て給候はゝ、喜存候、事〻期面賀候也、恐〻謹言、

正月八日　常充（高倉永藤）

㈡自二月四日至同十三日裏

○首部闕、

ちかき程に御まいり候はんする、まつ〳〵めてたく存候、めし□□□御客來事候程に、久しき事候、御　參の時申され候可候、かしく、

㈢自二月十六日至三月一日裏　中原師世書狀

口宣兩通共御位階雖不被載候、於御復任　宣旨者、奉載御位階候、可得御意候、
此間不申承候、恐欝候、兼又、御除服幷御復任　宣下、昨日到來候之間、當局　宣旨兩通令成進候、返〻珍重候、可參賀候、將又尺（釋）奠本道方事、中御沙汰、珍重候、御纒頭、又察中候、每事期參謁候、恐〻謹言、

二月十五日　師世(中原)

(四)自三月九日至同廿八日裏
清原業忠書状

態芳問承悦候、尺奠(釋)無爲無事誠珍重候、堂監事委細承候、悦存候、連朝雨雪、其思不少候、
但不及賞翫之儀候、事ゝ期面展席候、恐ゝ謹言、

二月十八日　業忠(清原)

(五)自四月一日至同廿三日裏

來十一日可被行國郡卜定之由、風聞候、實事候哉、自大甞會兼日至當日公事条ゝ、以閑暇
被注進候者、可爲本望之由候、兼者平野祭丞相参行例、御不審候、被勘進候、此者早ゝ大
切候、近日相構一日御参候者、珍重之由、可申旨候、恐ゝ謹言、

四月八日　仲則

(表書)「──　三条大外記殿(中原師郷)　仲則」

(六)自四月廿八日至五月十二日裏
中原師世書状

誠先日光臨本望候、以御隙又ふと預御尋候哉、兼又、大甞會行事所始來十二日必定候、先
於陣可被勘日時之条勿論候、兩条御教書到來候了、条ゝ風記未写取候、永徳分先日写遣寮(土御

頭(門有富)候き、大略可爲其分候歟、何様写置候之、重可進覧候也、事々期参拝候、恐々謹言、

五月六日　　　師世

(七)自五月十二日 至同卅日裏
中原師世書状

誠先日光臨之時、御心静申承候、本望無極候、近日、又相構々々可預御尋候、兼又、僧官事承候、尤不可有子細候之處、於僧官者、毎度職事も被經　奏聞候、先日難去所望方候之間、一兩輩付職事候之處、師世執申候分、被披露候ける由、申次て候仁、後日被相示候、仍此間又付たひ候をも、餘之事繁、師世執申候分、可被申之条、恐憚不少候之間、返遣候了、如此式候、可如何仕候哉、將又日時定、上卿勸修寺中納言(經成)、弁左中弁(日野資親)・左少弁(中御門明豊)、職事頭右大弁(甘露寺忠長)、官勢(小槻周枝)、一﨟宗種(清原)、史盛久(安倍)・員職(高橋)、陰陽寮有富朝臣(土御門)・在豊(勘解由小路)・有季(土御門)等参之候、行事所始、参人々未尋注候、重可注進候、恐々謹言、

五月十六日　　　師世

(八)自六月一日 至同十四日裏
中原師世書状
音信

誠此間久不申承候、恐欝之處、御音信恐悦候、御隙之時分、預御尋候者、可爲本望候、兼又、去月十二日行事所始等并明日行事所移等、参向人々事、自先日令申官勢(小槻周枝)候之處、未写給候、条々相積候之間、罷向候て、写取候はんなと思案最中候、写取候者、必々可進覧候、去卅日祈

毛詩
雨奉幣、上卿勸修寺中納言(經成)、職事左少弁(中御門明豐)、外記不參、史員職(高橋)勲代之由承候、將又毛詩御本二册慥返賜候了、新注本御用之由、承候之間、又二册付御使候、細々大切物候、早々可返給候、事々期参會候、恐々謹言、
六月五日　師世

(九)自六月二十日至七月一日裏
高倉永藤書狀
乏少候へとも、米一俵進し候、事々期面候、恐々謹言、
五月廿七日　常充

(十)自七月廿二日至同廿五日裏
高倉永藤書狀
毎年かたひら代にて百疋賜候、事々期面候、恐々謹言、
十月四日　常充

(十一)自七月廿五日至八月一日裏
中原師郷書狀
清原業忠勘返狀
杜工部詩集

○首部闕、
乍恐勘進
闕闕之處御芳札承悦候、
此間不得面拜候、無是非候、積欝如山岳候、炎暑以外事候歟、驚存候、此時分雜熱痢病等相侵候間、散々式候、
兼又、いつそや申請候杜詩千家点本第一、則付進御使候、御詠吟候哉如何、付迴借預候者、恐悦候、聊不審事候間、爲引見申候、

奉察候、
閑寂無事之至極候歟、比興〻〻、毎事期面拝候、恐〻謹言、

七月廿二日　　　（中原）師郷
業忠

㈢ 自八月四日 至同卅日 裏
中原師孝書狀
釋奠

明日釋奠可致參役之由、構入候之處、問者兩三日痢病以外候之間、參役難叶候、仍種〻雖加療治候、更不及減候、如今者、明日可御事闕候之条勿論候、此上者被延引、今様可有申御沙汰候哉、尚〻病氣式以外候間、如此令申候、可得御意候、恐〻謹言、

八月八日　　　（中原）師孝 狀

（表書）
「――
（中原師郷）三条殿　　　師孝 狀」

㈣ 自九月九日 至同十四日 裏
釋奠問者

○折紙

申　左衛門尉
源　秀國
釋奠問者、學生功
人事、任例被　宣

下候之様、可有申
御沙汰候哉、

(一四)自九月十七日至同廿六日裏
中原師世書狀
釋奠

誠此間久不申承候、積欝候、相構以御便路、可預御尋候、御禊、兼日条々沙汰入候、毎事纒頭過賢察候、兼又、尺(釋)奠無爲珍重候、上卿中御門大納言(俊輔)、洞院中納言(實熈)、九条宰相(海住山清房)、少納言爲清朝臣(五條)、弁不參、兩局周枝(小槻)宿祢・師世(中原)・六位康冨(中原)・盛久(安倍)讀師、座主師孝(中原)、文人爲清朝臣・在實朝臣(唐橋)・在豐朝臣(唐橋)題者、題云惟民従又序者菅原在鄉(唐橋)、召使行繼(宗岡)等參候、將又、御拜賀武家散狀進覽候、御用以後可返給候、恐々謹言、

八月十二日　師世

(一五)自九月卅日至十月七日裏
高倉永藤書狀

八朔兩種拜領、令祝着候、□□□百疋・杦原十帖献之候、千秋万歳可申承候也、恐々謹言、

八月四日　常充

(一六)自十月十四日至同十九日裏

御歡樂心もとなく思召て候、さて銀鞍・具足の事申され候、みな〳〵失候て候はす候、少々差繩のやうなる物は、先絢とも申候、返々心より給者、思召候よし申候へく候、猶々よ

〳〵御養性候へく候也、かしく、

(七)十月廿五日裏
中原師郷書狀
中原師世勘返狀

今日於官司可有召仰候、職事可有御下知候哉、
大儀御纓頭等不中候条〻、已被周備候哉、如何、兼又明日御出仕御乘車候哉、然者師行令乘輿候、雖相
尋車難取□無其儀候、無念候、
參、御車可御共申候由申候、被召具候者、可爲本望候、毎事期面拜候、恐〻謹言、
十月廿五日　　師郷
師世

(八)自十月廿六日
至同　廿八日裏

次林邑乱聲三節、
次童樂乱聲三節、
但件乱聲隨日、闌遲速可杲三節儀式、披讀請書、色衆次第、調立卽勅使・上卿・宰相・
弁・史・外記等出着礼堂、
次四具同音、乱聲之間、舞人一人立出庭、然間左右色衆着座、
次祢宜六人、捧持御床子三基、
次林邑童樂・雨樂、行事各別率舞人・樂人等、可迎進御輿、
次舞二度、

次舞一度、
次雨樂、行事各別率舞人・樂人等還立、東西衆僧前、
次色衆、
新樂可奏、舞一度、
高麗可奏、舞一度、
林邑可奏、舞一度、
童樂可奏、舞一度、
但、火長陳衆、可令行左右衆僧之後、
次御迎衆僧・樂人等、從御輿前次第還向、則上卿還向立烈〔列〕、
次高麗舞一度、
次林邑乱聲一節、舞二度、
奉備御供、
次同樂不止音、則菩薩鳥古螺共、並立奉供造花十二甋、
次童樂乱聲一節、舞二度、
次同樂、舞二度、

次祢宜三人、捧持御幣、參立御殿前、
次祢宜一人、持祝莚敷舞臺上、
次神主出從御供所、於舞臺上莚可祝申、此間、公家十烈〔列〕、御馬曳立、乘尻近衛舍人也、神
主祝申畢、
先新樂乱聲、舞一度、
次大行進、
次導師咒願、登高座、
次唄師四人、登舞臺、
次定座二人、登舞臺、
次散花四人、登舞臺、
次引頭四人、登舞臺、
次師子新樂・高麗雨樂、行事引率舞人・樂人等、登舞臺、
任次第行道、
次高麗、舞一度、
次林邑、舞一度、

次童樂、舞一度、
次新樂、舞一度、
次讃衆、登舞臺、
次高麗、舞一度、
次梵音衆、登舞臺、
次新樂、舞一度、
次錫杖衆、登舞臺、
次高麗、舞一度、
次堂達八人、登舞臺、
次導師表白、
次新樂、舞一度、
次導師咒願、下高座、則左右色衆、各退出、但至于所司等者、更平袈裟所着座也、
次勅樂、四度、
次舞、四度、
次東遊、

駿河舞、
　求子
次童樂、舞二度、
次入條舞、
次舞、十六度、
　此間、關白殿下（二條持基）、神馬乘尻馬、允・兵衛尉等也、御使諸大夫也、
次置樂、同音乱聲、
次舞、二度、
次相撲、十七番、
次新樂、舞一度、
次高麗、舞一度、
次林邑、舞一度、
次童樂、舞一度、
　　永享二年八月　日

(九)十二月一日裏
源仲方書状

明日御隙之時分、聊被尋申度子細候、御参候者、可喜入之由、可申旨候、恐〻謹言、

十二月八日　(源)仲方

(卅)自十二月廿一日至同　卅　日裏
小槐周枝書状

従高倉殿御預御馬牽給候、悦喜仕候、能〻飼候者、可立御要候、猶〻畏入之由、有御心得、可有御申安事候、期面謁候、恐〻謹言、

十月十三日　(小槐)周枝

〔第六卷〕

永享三年

○十一月二十四日末以下闕、

正月小

元日節會

一日、丁卯、天晴、風靜、今日節會、内弁西園寺大納言公名卿・外弁勸修寺中納言經成卿・藤中納言行光(柳原)卿・葉室中納言宗豐卿・洞院中納言實凞卿・中山宰相中將定親卿・新宰相尹賢(月輪)卿・四條宰相隆夏卿・少納言益長(東坊城)朝臣・右少弁政光(裏松重政)奉行職事、此外參陣人々見散狀、

小朝拜

今日始而有出御、々藥・小朝拜如例云々、

四方拜なし

今日四方拜無之、

仙洞御藥如例、御陪膳西園寺大納言也、御藥今日許有之云々、

二日、戊辰、晴、

三日、己巳、晴、

四日、庚午、

後花園天皇御衰日

五日、辛未、今日禁裏(後花園天皇)御衰日也、仍不被行敍位歟、

敍位議

六日、壬申、晴、今日敍位議也、於攝政(二條持基)御直廬有之、執筆左大弁宰相宗繼(松木)卿、公卿中御門大納言俊輔卿・葉室中納言宗豐卿等參陣、奉行頭右大弁忠長(甘露寺)朝臣也、入眼儀上卿葉室中納言、陣執筆頭右大弁、大內記爲淸(五條)朝臣少納言兼行・少內記盛久(安倍)・中務少輔時繁(小槻)等參之、兩局周枝(小槻)宿祢・師世(中原)朝臣、六位外記等可尋、

白雪
白馬節會

七日、癸酉、白雪滿地、今日白馬節會、內弁左大臣(一條兼良)殿、公卿〻〻外弁藤大納言隆光(武者小路)卿叙列・万里小路大納言時房卿續內弁、・新中納言親光(廣橋)卿・左大弁宰相宗繼卿・九条宰相淸房(海住山)卿、少納言益長朝臣・右中弁幸房(淸閑寺)、此外人〻見散狀、自晩景雖雪不降、依深泥節會雨儀也、宣命版宜陽殿出庇簷下置之云〻、先例軒廊也、如例、

足利義教參內
院參

十日、丙子、晴、室町殿(足利義教)參賀如例云〻、今日室町殿御參內、御院參也、

仙洞猿樂足利義教院參

十一日、丁丑、晴、於　仙洞有猿樂、室町殿片時御參之、

十五日、辛巳、雨降、

踏歌節會

十六日、壬午、晴、今日踏歌節會、內弁三条大納言公保卿（三條西）初度・外弁花山院大納言持忠卿・別當秀光卿（日野）・四辻宰相中將季保卿・四条宰相隆夏卿・千種宰相中將光清朝臣今日申拜賀云々・少納言爲清朝臣・弁幸房、此外人々見散狀、

別殿行幸

廿八日、甲午、晴、今日別殿　行幸也、奉行藏人左少弁明豐（中御門）也、寮役莚道、如例致沙汰了、

二月小

春日祭

一日、丙申、晴、春日祭、上卿新中納言親光卿（廣橋）・右少弁政光（裏松重政）・外記康富（中原）・史貝職（高橋）・召使行繼（宗岡）・使左少將雅親（飛鳥井）等參向之、

祈年祭

四日、己亥、晴、祈年祭、上卿藤大納言隆光卿（武者小路）・左少弁明豐（中御門）・外記宗種（清原）・史盛時（安倍）・召使行寛（宗岡）等參之、

足利義教石清水社參

五日、庚子、晴、今日室町殿(足利義教)八幡御社參也、殿上人左中將雅永(飛鳥井)朝臣・右中將實雅(正親町三條)朝臣・左兵衛權佐永豐(高倉)朝臣・權右少弁嗣光(土御門)・左衛門佐資任(烏丸)・左少將資益(白川)、諸大夫康任(惟宗)朝臣・經康(高階)、衛府可尋、公卿不參、陰陽師有盛(土御門)卿參之云々、

園韓神祭

六日、辛丑、晴、園・韓神祭、上卿藤中納言行光(柳原)卿、弁・外記不參、召使行寛參之、

貞成親王足利義教邸に渡御

七日、壬寅、晴、今日伏見殿(貞成親王)渡御于室町殿、有猿樂云々、

足利義教伊勢參宮

九日、甲辰、晴、室町殿伊勢御參宮、今日御進發也、

釋奠

十二日、丁未、晴、今日釋奠也、上丁依奉行未定延引了、但右少弁奉行之、上卿万里小路大納言時房卿・左大弁宰相宗繼(松木)卿・新少納言益長(東坊城)朝臣・右少弁政光・大外記師世(中原)朝臣・六位外記宗種分配・康富・史盛久(安倍)・召使行繼・座主直講師孝(中原)講書論語・文人文章博士長鄕(高辻)朝臣題者、題云善人是冨・前式部少輔在綱(唐橋)朝臣・式部少輔長繼(繼長、高辻)講師・序者菅原在尙等參之、

論語

官女出產

昨日於禁裏女官、俄產生事有之、可觸穢歟之由有沙汰云々、今度功人事七人擧申之處、六人被宣下之、僧官一人行繼擧申之内被殘之了、儒中一人之間、今度又不出儒牒者也、

足利義教參宮

今日室町殿御參宮云〻、公卿勸修寺中納言經成卿・飛鳥井中納言雅世卿・別當秀光(日野)卿・新中納言親光卿・中山宰相中將定親卿、殿上人實雅朝臣・永豐朝臣・資任、諸大夫康任朝臣・經康、以上各束帶、騎馬、衞府六人云〻、名字可尋之、

足利義教伊勢より還る

十五日、庚戌、今日室町殿還御也、

大原野祭

廿日、乙卯、晴、大原野祭也、上支干延引了、上卿中御門大納言俊輔卿・權右少弁嗣光・外記忠種(清原)・召使行寛等參向之、

三月大

一日、乙丑、雨降、

別殿行幸

十二日、丙子、雨降、別殿　行幸也、頭右大弁申(甘露寺忠長)沙汰云〻、

北野社一切經會

廿一日、乙酉、北野一切經會也、飛鳥井中納言雅世卿・四条宰相隆夏卿・權右少弁嗣光(土御門)・召使行繼(宗岡)等參向、

當寮役、如例年百五疋、自社家致沙汰了、

後小松院御得度

廿四日、戊子、晴、今日仙洞(後小松院)御得度也、御年五十五、御戒師仁和寺宮永助法親王、御剃手理證院僧都、、、着座公卿内大臣(久我清通)衣冠・万里小路大納言(時房)直衣・中御門大納言(俊輔)同・勸修寺中納言(經成)束帯・日野新中納言(日野西國盛)同・葉室中納言(宗豊)直衣・新藤中納言(廣橋親光)同・中山宰相中將(定親)同・四辻宰相中將(季保)束帯等參之云々、

神宮御拜

先有御拜、太神宮以上云々、上皇御布袴云々、其後有次第儀歟、傳　奏日野新中納言也、權弁申沙汰之、先有御報書、草進爲清朝臣(五條)、清書行豊朝臣(世尊寺)、中使勸修寺中納言云々、及曉天事訖云々、

西園寺實永洞院滿季等出家

今日出家人々西園寺前右府(實永)・洞院前内府(滿季)・按察卿(資家)・吉田前大納言(家俊)(清閑寺)・丹三位幸基(錦小路)等也、按察卿今日叙一品云々、

縣召除目始

廿六日、庚寅、晴、今日縣召除目始也、執筆左大弁宰相(松木宗繼)勲仕、公卿万里小路大納言・花山院大納言(持忠)參陣之、奉行職事頭右大弁也、當局師世朝臣(中原)申沙汰之、今夜菅文弁權右少弁(正五上)与右少弁(正五下)(裏松重政)有相論、可任官次歟、可任位次歟、被尋例於兩局、各注進寛元四年例云々、件度三ヶ夜相替云々、仍今夜者任位次、權弁列上云々、

縣召除目中夜

廿七日、辛卯、除目中夜也、公卿藤大納言(隆光卿)(武者小路)・新藤中納言(親光卿)・中山宰相中將等參陣云々、今夜

莒文任官次、右少弁列上云々、

縣召除目入眼延引

廿八日、壬辰、今日入眼延引、依御衰日也、

縣召除目入眼

廿九日、癸巳、晴、除目入眼也、公卿三条大納言(三條西公保)入眼上卿・洞院中納言(實熙)・中山宰相中將陣執筆・光清朝臣(千種)同等參陣云々、今夜莒文任位次、權弁列上云々、翌朝午剋事訖云々、

四月小

旬平座

一日、乙未、晴、平座、上卿不參、四条宰相隆夏卿・右少弁政光(裏松重政)奉行職事・外記忠種(清原)・史盛久(安倍)等參陣云々、

平野祭

二日、丙申、晴、平野祭也、上卿西園寺大納言公名卿・左少弁明豊(中御門)・外記親種(清原)・史盛久等參向云々、

松尾祭

同日松尾祭、權弁(土御門嗣光)參向之、

賀茂祭警固

十三日、丁未、晴、賀茂祭警固、上卿葉室中納言宗豊卿・奉行右少弁・外記親種・諸衛左中將爲之朝臣(冷泉)・藏人左近將監重仲(源)極﨟等參之云々、

日吉祭

十四日、戊申、日吉祭、上卿三条大納言公保(三條西)卿・權弁嗣光・外記康富(中原)・史盛繼(中原)・召使行寛(宗岡)等參向之云々、

足利義教嵯峨三會院に赴く

今日室町殿(足利義教)渡御嵯峨三會院、令成開山(夢窓疎石)御弟子給云々、元勝定院國師(絶海中津)御弟子也、有子細歟、

足利義教院參

今夜室町殿御院參也、仙洞(後小松院)御得度以後初而令參給、日比御咳氣之故云々、

賀茂祭

十五日、己酉、晴、賀茂祭也、典侍中山宰相中將(定親)沙汰進之、近衛使右少將資益(白川)・官人員弘(大石)五位・行列外記忠種云々、

梅宮祭

今日梅宮祭也、參向人可尋之、

解陣

十六日、庚戌、雨降、今日解陣、上卿三条大納言・奉行右少弁・外記親種・諸衛爲治(源)藏人等參陣之、

足利義教高野山參詣

今日室町殿高野御參詣御出京也、一向御異躰也、藤宰相(高倉永藤)入道爲御共參之、此外公家方無之、

吉田祭

十八日、壬子、晴、吉田祭、上卿勸修寺中納言經成卿・左少弁明豐・外記親種・史貝職(高橋)・召使行寛等參向之、

別殿行幸
足利義教高野山より還る
石清水臨時祭
足利義教參內
八講堂結緣灌頂
滿濟出席
藤原慶子三十三回忌

廿三日、丁巳、晴、今日別殿　行幸也、

廿五日、庚申（己未、）晴、今日室町殿自高野還御、此間所々御巡礼、若吹上等御歴覽云々、

廿六日、庚申、晴、石清水臨時祭、調樂・御馬御覽等也、調樂之儀、於北陣有之、行事藏人（源）重仲以下着座云々、當寮役半帖・葉薦等、致沙汰了、室町殿御參內、爲御馬御覽云々、

廿八日、壬戌、晴、今日於八講堂被行結緣灌頂、大阿闍梨三寶院准后滿濟僧正・小阿闍梨理性院僧正（宗觀）、、、着座公卿中御門（俊輔）大納言以下十四人、此外室町殿御着座、堂童子・所役殿上人等見散狀、有度者・御誦經使・衆僧等、傳前奏万里小路（時房）大納言・家司權右少弁、兩局周枝（小槻）宿祢・（中原）師世朝臣・六位外記（清原）宗種・史（安倍）盛久等參之、六位御訪各二百疋云々、室町殿御母儀勝鬘院殿（藤原慶子）御三十三廻、來月八日也、爲彼追善、今日被行之、御次第、攝政（二條持基）殿御作進之云々、

僧結灌頂、明德元四廿、同三九廿一兩度於相國寺八講堂有之、鹿苑院殿（足利義滿）令執行給、今度之儀、每事被摸彼例歟、當寮役大阿闍梨莚道葉薦并式部彈正并圖書等座分百二十疋被下行了、

石清水臨時祭
二條持基足利義教參仕
石清水臨時祭使舞人參向

廿九日、癸亥、晴、今日石清水臨時祭也、使四条宰相隆夏卿、舞人以下見散狀、奉行職事左少弁明豐、傳　奏勸修寺中納言也、攝政殿・室町殿御參、入夜被始行、室町殿御遲參之故云々、
當寮役、小文御半帖一帖御禊料・兩面御半帖二帖、攝政殿・室町殿御料、但室町殿無御着座之間、不及設御座云々、其外垣下・壁下等座、使・舞人・加陪從々々・人長等座、半帖三十余枚令敷之、公卿分綠、其外黃緣也、下敷葉薦等如例、堂上・地下円座等、當寮不相綺、自藏人方致沙汰之、御禊之時、使・宮主座可爲円座歟、雖然用當寮半帖了、
今日寮役御訪七百六十疋、去十六日被下行了、是應永廿三年下行帳分也、兼日并歸立在此內、
自今日於八講堂、以三百口僧律、一七日有不斷光明眞言、彼御追善也、

五月大

一日、甲子、晴、今日臨時祭使并舞人第一公知朝臣（一條）・第五行尙、行事藏人重仲（源）以下參向、社頭其儀如例歟、當寮々官、參八幡了、於使座者、高麗帖自社家設之、舞人以下當寮座敷也、則入夜有歸立、無名門前設座、有此儀、

足利義教等持寺に参詣

二日、乙丑、室町殿(足利義教)自今日御坐等持寺云々、

光明眞言結願

六日、己巳、晴、光明眞言結願也、日中云々、

八講堂曼陀羅供

七日、庚午、天陰、今日於八講堂被行曼陀羅供、大(阿脱)闍梨聖護院准后(満意)、傳奏新藤中納言(廣橋親光)、着座公卿中御門大納言俊輔・三条大納言(三條西)公保・飛鳥井中納言雅世・新藤中納言親光・中山宰相中將定親、殿上人雅永(飛鳥井)朝臣度者使・爲之(冷泉)朝臣御誦經使・嗣光(土御門)家司・源爲治、執綱周長朝臣・康任(惟宗)朝臣、執蓋經康(高階)、寮使（大）阿闍梨莚道百疋被下行了、

祈年穀奉幣使

十七日、庚寅、雨降、今日被發遣祈年穀奉幣使、先於陣被勘日時、上卿藤大納言隆光(武者小路)卿、參議中山宰相中將定親卿、權右少弁嗣光奉行職事、兩局周枝(小槻)宿祢・師世(中原)朝臣・六位外記親種(清原)・史盛久(安倍)少内記・召使行繼(宗岡)、陰陽寮不參歟、石清水使上卿兼行、賀茂勸修寺中納言(經成)、松尾兵部卿親信卿(法性寺)、平野參議兼行、稲荷行豐朝臣(世尊寺)、春日別當(日野秀光)、

六月小

一日、甲午、雨降、

別殿行幸

五日、戊戌、雨降、別殿　行幸也、右少弁（裏松重政）申沙汰之、

止雨奉幣
祇園社神輿迎
駕輿丁井に落死

七日、庚子、雨降、今日止雨奉幣也、自去月初連日降雨之故也、上卿以下可尋之、
今日祇園御輿迎如例、神行以前、駕与（輿）丁一人落井死云〻、

月次神今食

十一日、甲辰、晴、月次・神今食、上卿葉室中納言宗豊卿・參議千種宰相中將光清朝臣・少納言（東坊城）益長朝臣・權右少弁（土御門）嗣光・外記（清原）親種・史（中原）盛繼・召使（宗岡）行繼等參向之、

祇園御靈會神幸

十四日、丁未、晴、申剋雨降、夕立也、祇園御靈會如例、雨以後神幸・風流等有之、

師郷痢病

十七日、庚戌、自今日痢病、

大内盛見筑前に討死す

廿八日、辛酉、後聞、今日大内入道（盛見）於筑前國討死云〻、

七月大

一日、癸亥、

盆供
洛中に米買なし

十五日、丁丑、盆供如形致沙汰了、自去月痢病未及本腹、近日洛中米商賣無之、上下愁

歎無極者也、

八月大

一日、癸巳、

釋奠

周易

十五日、丁未、晴、今日釋奠也、上丁延引、不知其故、上卿洞院中納言實熈卿、參議九条宰相(海住山)清房卿、少納言(五條)爲清朝臣、弁不參、兩局(小槻)周枝宿祢・(中原)師世朝臣・六位外記(清原)親種・史(高橋)員職・召使(宗岡)行繼、座主直講(中原)師孝、講書周易、文人(菅原)在豐朝臣題者、講師、題云、能說諸心・序者菅原(五條)爲賢等參之、今度猶儒中一人之間不及出儒牒、功人七人、如例被　宣下了、奉行頭中將(鷲尾隆遠)也、

石清水放生會

今日放生會、上卿葉室中納言(宗豐)・參議中山宰相中將(定親)・左少弁(中御門)明豐・外記(清原)宗種・史(安倍)盛久・官掌(紀)成茂・召使行繼・使長資朝臣右中將(田向)・右馬頭(卜部)兼勝朝臣等參向之云々、

駒引

十六日、戊申、晴、駒牽、上卿(武者小路隆光)藤大納言・參議千種宰相中將(前名光清)具定朝臣・少納言爲清朝臣・右中弁(清閑寺)幸房・外記宗種・史員職・引分右少將繁宗等參陣、

良什座主宣下

次有座主　宣下、上卿以下同前、竹中僧正良什令補之給、梶井門跡(義承)御辞退替也、奉行頭(鷲尾)中將(隆遠)云々、

伊勢一社奉幣

十七日、己酉、雨降、伊勢一社奉幣也、上卿花山院大納言持忠卿・權右少弁長淳(土御門、前名嗣光)・外記忠種(清原)・史盛時(安倍)・召使行繼等參之、先有日時定、陰陽寮頭有清朝臣(土御門)・、、在成(勘解由小路、前名在豐)二人參陣云々、

足利義教上御所事始

廿二日、甲寅、晴、室町殿(足利義教)上御所御事始也、諸人今日致沙汰云々、

別殿行幸

廿九日、辛酉、晴、別殿　行幸也、頭中將(鷲尾隆遠)申沙汰之、

九月小

一日、癸亥、晴、

御燈なし

三日、乙丑、御燈無之、

重陽平座

九日、辛未、晴、平座、上卿不參、々議隆夏卿(四條)・少納言益長朝臣(東坊城)・權右少弁長淳(土御門)・外記康富(中原)・史盛繼(中原)等參陣、

例幣

十一日、癸酉、晴、例幣、上卿万里小路大納言(時房)・左少弁明豐(中御門)・外記康富・史盛久(安倍)・召使

行寛(宗岡)等參向之、

足利義教方違に移る

廿三日、乙酉、晴、室町殿(足利義教)爲御方違渡御冨樫介(冨樫教家)新宅、

十月小

旬平座

一日、壬辰、晴、平座、上卿不參、々議宗繼卿(松木)・少納言爲淸朝臣(五條)・右少弁重政(裏松)職事兼行・外記宗種(清原)・史盛久(安倍)等參陣、

西園寺實永薨去

九日、庚子、今日西園寺入道右大臣(實永)被薨、年五十五、痢病所勞也、

別殿行幸

十三日、甲辰、晴、今夜別殿　行幸也、左少弁(中御門明豐)申沙汰之、

上御所立柱

今日上御所立柱上棟也、

軒廊御卜

伊勢別宮神體紛失

月讀宮神寶紛失

十七日、戊申、晴、軒廊御卜也、上卿三条大納言公保卿(三條西)、神宮行事花山院大納言(持忠)也、然而故障歟、右少弁重政職事兼行・官勢周枝宿祢(小槻)・權少外記忠種(清原)・右大史盛久、神祇官兼冨朝臣(吉田)・兼名(吉田)、中臣、、、陰陽寮有淸朝臣(土御門)寮頭・有季(土御門)・在成(勘解由小路)等參陣、太神宮別宮風日祈宮、神躰紛失事也、月讀宮神寶紛失事、同有之云々、

寮役、如例致沙汰了、五十疋被下行之、

十一月大

一日、壬戌、晴、

知恩院炎上

二日、癸亥、子剋、東山知恩院炎上了、

主典代捕はる

十日、辛未、今日主典代資行院廳、自武家被召捕了、

平野祭

十一日、壬申、晴、平野祭也、上卿藤大納言俊宗卿（武者小路、前名隆光）・左中弁資親（日野）・外記康富（中原）・史盛繼（中原）・召使行寛（宗岡）等參向之、

春日祭延引

春日祭延引了、

足利義教一條兼良邸に赴く

十三日、甲戌、雨降、今日室町殿（足利義教）渡御于一条左大臣殿（兼良）御第、

園韓神祭

十六日、丁丑、晴、園・韓神祭、上卿不參、左少弁明豐（中御門）・外記忠種（清原）・召使行繼（宗岡）等參向之、

鎮魂祭

十七日、戊寅、雨降、鎮魂祭、權右少弁長淳（土御門）・召使、、等參之云々、參議・外記不參、

新嘗祭
豊明節會平座
春日祭
吉田祭
梅宮祭
別殿行幸
法華八講始

降雨之間、於神祇官北門有之、
十八日、己卯、雨降、新嘗祭、上卿藤大納言俊宗卿・參議九条宰相清房(海住山)卿・少納言益長(東坊城)
朝臣・左少弁明豊・外記康富・史盛久(安倍)・召使行繼等參之、
十九日、庚辰、晴、豊明平座、上卿不參、〻議四辻宰相中將季保卿、少納言爲清(五條)朝臣、
弁不參、外記忠種・史盛繼等參陣、
廿三日、甲申、晴、春日祭、上卿万里小路大納言時房卿・權右少弁長淳・外記忠種・史
盛繼・召使、、・使右少將□□(有經)(山科)等參向之、
吉田祭、上卿花山院大納言持忠卿・權右少弁明豐(長淳)・外記親種(清原)・史員職(高橋)・召使、、參向之、
廿四日、乙酉、雪降、梅宮祭、上支干延引、上卿葉室中納言宗豐卿、弁不參、外記親種・召使、
、等參向之、
今夜別殿　行幸也、頭中將(鷲尾隆遠)中沙汰云〻、
自今日被始行御八講、是來年正月勝定院殿(足利義持)御□　□之也、

□
□□（祭）上支干延引、　上卿日野新中納言（日野西國盛）（以下破損）

「以下朽損、（修理時ノ押紙、朱書）　別記四月廿六・廿九兩日、五月一日、継加之、」

○右押紙頭書に「修覆ノ時余紙半枚斗入ベシ、」の朱書がある。

永享三年四月

石清水臨時祭
足利義教參內

廿六日、庚申、晴、石清水臨時祭、調樂・御馬御覽等也、調樂之儀、於北陣有之、行事藏人重仲（源）以下着座云々、當寮役半帖・葉薦等、致沙汰了、室町殿（足利義教）御參内、爲御馬御覽云々、

石清水臨時祭
二條持基足利義教御參

廿九日、癸亥、晴、今日石清水臨時祭也、使四条宰相隆夏卿、舞人以下見散狀、奉行職事左少弁明豐（中御門）、傳奏勸修寺中納言（經成）也、攝政殿（二條持基）・室町殿御參、入夜被始行、室町殿御遲參之故云々、

當寮役、小文御半帖一帖御禊析・兩面半帖二帖、攝政殿・室町殿御析、但室町殿無御着座之間、不及設御座云々、其外垣下・壁下等座、使・舞人・加陪從々々・人長等座、半帖卅余枚令敷之、公卿分緣、其外黃緣也、下敷葉薦等如例、堂上・地下円座等、當寮不相綺、自藏人方致沙汰了、御禊之時、使・宮主座、可爲円座歟、雖然用當寮半帖了、

今日寮役御訪七百六十疋、去十六日被下行了、是應永廿三年下行帳分也、兼日并歸立在此內、

石清水臨時祭使舞人參向

五月

一日、甲子、晴、今日臨時祭使并舞人第一公知朝臣(一條)、第五行尚、行事藏人重仲以下參向、社頭其儀如例歟、當寮寮官、參八幡了、於使座者、高麗帖自社家設之、舞人以下當寮座敷之、則入夜有歸立、無名門前設座、有此儀、

〔第六巻永享三年紙背文書〕

㈠正月一・二日裏
高倉永藤書状

歳末御計會察申候、析足兼又、炭一荷・鯛一かけまいらせ候、恐々謹言、

十二月五日　　　　　　　　　　　　　　　　常充（高倉永藤）

㈡正月六・七日裏
中原師孝書状

大嘗會、國司除目聞書事承候、何樣乍首書可進候、兼又、小物御□　　　□乍□
□毎事期面拜候也、恐々謹言、

三月廿八日　　　　　　　　　　　　　　　　師孝（中原）状

㈢自正月十日至同十六日裏
中原師世書状

改年吉兆、雖事舊候、猶又不可有盡期候、珍重々々、幸甚々々、何樣早々遂面賀、可述祝言候、兼又、此宣旨位暑（署）事、先任口宣如此書載候、中納言任大納言之時、旧系分不載位階候、於參議者、可載位候哉、旧案不分明候、宗繼（松木）卿位暑（署）、悉載候者、兼國同可載之条、勿論候歟、尚々位暑（署）事、先規不一隅候間、每度不審此事候、賢慮分委細承候者、所仰候、若又於卿相者、（以下闕文）

(四)自二月一日至同七日裏
中原師世書狀
釋奠

三節會以下、無爲無事、誠珍重候、縣召可爲三月候歟之由、內々其沙汰候、相構近日可預御尋候、十六日節會散狀、則写進候、其外參陣人々・所役人等、注付候分、同注付候、尺(釋)奠奉行誰人候哉、職事分配未一見候、御教書又未到候、每事期參會候、恐々謹言、

正月十九日　(中原)師世

(五)自二月十二日至同廿日裏
清原業忠書狀

歲暮御經營奉察候、

此間、久不得面謁、恐欝不少候、先日御音信之時、中風御所勞候之由承候、於今御本復候哉、珍重、(清原)業忠咳氣所勞以外候、未取惠蒙候之式候、雖無別事候、無心元候之間、捧短札候、近日御立寄候者、可爲恐悅候、恐々謹言、

(永享二年)十二月八日　業忠

(六)自三月一日至同四日裏
中原師世書狀

先日光臨、本望恐悅候、除目近々旁計會過賢察候、就其、今年兼國人々少候之間、(中原師郷)大儒御兼國事、可申沙汰之由存候、仍兼國土代幷國宛折帋等進覽候、定參差事不可有之間、以御補歷等被引合、能々被御覽候て、示預候者恐悅候、晩景そと可進取候、返々能々被御覽可承候、(二條)三

(持通)位中將殿少將御兼國、去〻年にて候し、御上階之時、去之候之間、今年中將御兼國、又不可有子細候欤之由存候、其外實材(一條)朝臣重兼國并少將三人等兼國、此分可有子細候哉、條〻委承候者、所仰候、御隙之時分、ふと思召立候者本望候、恐〻謹言、

三月二日　　師世

(七)自三月廿六日至同廿九日裏
高倉永藤書狀

昨日預御狀候、祇候御所候て、やかて御返事不申爲恐候、兼又、彼狀二通拜見申候了、宿事無子細候、返〻喜存候、彼高野宿出之候間、恐悅千万候、此由能〻可被仰候、恐〻謹言、

三月廿一日　　常充

(八)四月十四・十五日裏

注進　石清水臨時祭、掃部寮役座以下斫足事、

七百六十
五百疋

右任例注進如件、

永享三年三月　日

(九)自四月廿五日至同廿八日裏
中原師世書狀

一昨日預御札候之處、罷出、不申愚報候、爲恐候、誠此間不申承恐欝候、兼又、尺(釋)奠奉行

釋奠

職事左中弁《中御門明豊》候之處、貫首事固辞候なる、仍被仰右少弁《裏松重政》候之處、中丁候者、可存知由被申候歟、何樣上丁延引之段、勿論候、近日以御隙預御尋候者、可爲本望候、恐〻謹言、

正月廿九日　　　　師世

(十)自四月廿九日至五月一日裏

明日儀、いま一首未出來候間、計會無極候、晦日者、早〻可有光臨候、可談合等可申旨被仰候、穴賢〻〻、

(十一)自五月十七日至六月七日裏

此案文よく候、このことく御清書候て、まいらせられ候へく候、この案をまいらせられ候へく候よし、申まいらせ候、かしく、

(十二)自六月十四日至八月一日裏　釋奠

七郎事、愚申候、

如仰、尺奠《釋》近日計會申候、過賢察候、兼又、袍被下事、返〻悉申候之外、無他候、祕計間事、內侍所も照候はんには、未一錢之事不叶、身安否計事候、尚〻袍被下事、平愚存候、壬生殿《小槻周枝》御左右候者、きと可承存候、土倉さへたて候間、弥無力候、可有御慶候、尚〻專使候、此折帋師孝《中原》進候、

(三)自八月十五日至十月十七日裏

老僧へ御言付之由可申候、

如仰、久不申承候、恐欝之處、御芳信喜存候、誠御違例由、先度承候間、以参入承候所存候之處、旁取乱候、子細等打續候間、乍存無之儀候き、背本意候、被得〻減候条、返〻御心安悦喜仕候、兼者、江瓜如御書、濟〻拜領不存寄御芳志、不知所謝候、喜入存候、殊此間難得之物躰候間、賞翫無極候、尚〻被思召寄、遙〻送給候御意之至、難申盡候、懸御目候て可申述候、恐惶謹言、

七月廿四日　　　　　　　　　助宣

(表書)「助宣」

(四)自十月十七日至十一月十三日裏
清原業忠書狀
釋奠

芳問悚愼候、御違例無御心元候、御本復以後、早〻光賁所仰候、(釋)尺奠御取乱察申候、堂監事可得其意候、祀事尋試、重可申御左右、意緒期面拜候、恐〻謹言、

七月卅日　　　　　　　　　業忠

○本文闕、

(十五)十一月廿四日裏

よし□　□入候、恐〻謹言、

五月廿日　　實□（花押）

(十六)付別、四月廿六日・廿九日裏

○折紙

佐殿より被申候さいかくのけんは、きゝ候はて、事をはかり候、何方にても御尋候て被進候者、可悦喜申候、清三位殿に御座候哉と申され候、面拝候も被覧申候由候、恐〻謹言、

三月十日　清左衛門尉（花押）

□（御）中次殿まいる

(十七)付別 五月一日裏
中原康顕書状

○折紙

環翠辺路次往反以外之事候、昨罷向見訪候、環翠其外女中等、悉居住他所候、如仰祝言雖事舊候、前給事中一人無然式候き、猶以幸甚〻〻、不可有盡期候、抑叙位小折帋写進入候、以参賀祝詞、尚可申入之由、可得御意候也、

六日　康顕（中原）

〔第七卷〕

永享四年

正月大

一日、辛酉、天晴、風靜、

元日節會　出御

節會、內弁三条大納言公保卿奉行權弁、（土御門長淳）卯剋被始行、辰剋事訖之、出御如例、

內大臣、（久我清通）ヽヽヽヽヽヽヽヽ

小朝拜

御藥、小朝拜如例、仙洞御藥无之、依御得度歟、拜礼如例云々、

奉行右少弁、（裏松重政）（後小松院）

四方拜なし

四方拜无之、依幼主也、

二日、壬戌、雨降、

三日、癸亥、晴、

四日、甲子、晴、

敍位議

五日、乙丑、晴、及半更雨降、敍位議、公卿藤大納言(武者小路俊宗)・勸修寺中納言(經成)入眼上卿・月輪宰相基賢 執筆・少納言爲清朝臣(五條)・右中弁幸□(房)大内記(清閑寺)、兩局周枝宿祢(小槻)・師世朝臣(中原)・六位親種(清原)・康富(中原)・忠種(清原)・史貝職(高橋)少内記、職事頭右大弁忠長朝臣(甘露寺)奉行・頭左中將隆遠朝臣(鷲尾)・權右少弁長淳(土御門)・六位源重仲、、・中務少輔時繁(小槻)等參之、莒文弁右中弁・權弁兩人也、權弁重反之、雨儀之間、莒文之儀、内侍所与記録所間統合也、弁北上東面、外記東上北面、御直廬雨儀初度也、莒文之訖、被尋兩局勢、被經御沙汰之、

○六日・七日の記は、巻首の年號の前部・下部に記されてゐるが、次に收めた。

六日、丙寅、天晴、

白馬節會

七日、丁卯、天晴、白馬節會、内弁右大臣殿(近衛房嗣)、外弁万里小路大納□(時房)□中納言雅世(飛鳥井)・洞院中納言實熙敍位宣命使・中山宰相中將定親宣命使・四条宰相(隆夏)□□祿所、爲清朝臣、藏人權右少弁長淳、次將左實村朝臣(河鰭)・爲之朝臣(冷泉)、左馬頭代雅□(豐)(藤原)□□資益(白川)、右親頼朝臣・公久朝臣(正親町三條)坊家取次・繁宗右馬頭代、職□□明豐(中御門)奉行、兩局周枝宿祢・師世朝臣・六位外記親種分配・史貝職少内記・召使行繼(宗岡)・召使行繼 造酒正師俊(中原)・内竪康行(川)等參之、敍列式、時繁中務少輔雖節

西宮記

會參役、式叙列无之間、西宮記被書入之、參叙列了、兵雅豊朝臣左少將、二省輔代、、、樂前五位（源）家種、北陣官人可尋、

八日、戊辰、晴、

九日、己巳、晴、

足利義教參賀

十日、庚午、晴、今日室町殿（足利義教）參賀如例云々、今夜御參　內并御院參也、

武家評定始
猿樂

十一日、辛未、雨降、武家評定始如例云々、今夜御院參之、有猿樂之、

十二日、壬申、晴、

足利義教和歌會始
松囃子

十三日、癸酉、晴、室町殿御〔和〕哥御會始也、題松樹契久、御會已前□□松ハヤシ有之、

十四日、甲戌、雨降、

十五日、乙亥、雨降、

踏歌節會

十六日、丙子、晴陰不定、時ゝ雪降、節會、内弁三条大納言公保（三條西）、外弁花山院大納言持忠、藤中納言忠秀（柳原）、新藤中納言兼郷（廣橋）、四条宰相隆夏、千種宰相中將具定、宣命使、少納言爲清朝臣、右中弁幸房、次將左雅永朝臣（飛鳥井）・雅豊朝臣・親豊（法性寺）、右有定朝臣（六條）・定兼朝臣（源）・公知朝臣（一條）、奉行職事頭左中將隆遠朝臣、此外職事可尋、兩局周枝宿祢・爲緒宿祢（小槻）・師世朝臣・六位外記宗種（清原）分配・康富・史員職少内記等參之、

二條持基御參

攝政殿（二條持基）御參如例、樂前五位敦國（藤原）花山院前駈・重元（藤原）内弁前駈、次第之儀如例之、

十七日、丁丑、晴、十八日、

足利義教連歌始

十九日、晴、室町殿御連哥始也、左大臣殿（一條兼良）始而御參之、

松囃子

廿二日、晴、松ハヤシ、一色（義範）沙汰也、

松囃子

廿八日、晴、畠山（持國）松ハヤシ也、

猿樂

卅日、晴、仙洞猿樂也、

二月小

大原野祭延引

一日、辛卯、晴、大原野祭延引、

祈年祭

四日、晴陰不定、時々風雨、祈年祭、上卿万里小路大納言(時房)・左少弁明豊(中御門)・外記親種(清原)・史盛時(安倍)・官掌成茂(紀)・召使行寛(宗岡)等參之、内侍不參也、

七日、晴、參攝政殿殿下、(二條持基)御對面、

別殿行幸

九日、晴、別殿行幸、頭弁(甘露寺忠長)中沙汰之、

園韓神祭

十一日、雨降、園・韓神祭、上卿藤中納言忠秀卿(柳原)、弁・外記不參、召使秀國(宗岡)、内侍參向如例、

大原野祭

十三日、大原野祭、上障于延引、上卿不參、分配中御門大納(俊輔)言雜勢所勞之、權右少弁長淳(土御門)・外記宗種(清原)・召使秀國參向之、

沐浴
釋奠潔齋始
時正始

十五日、乙巳、今日沐浴、尺奠(釋)潔齋始之、時正始也、

釋奠

十七日、丁未、晴、尺奠(釋)、上卿万里小路大納言、參議不參、少納言益長朝臣(東坊城)、左少弁明豊奉行、官務周枝(小槻)宿祢、大外記師郷(中原)座主、初獻役、六位親種分配、早出・康富(中原)讀師、史盛久(安倍)、召使理繼、文人

在綱朝臣(唐橋)右兵衛權佐、題者・繼長(高辻)式部少輔、講師、序者菅原爲賢(五條)、講書左傳、題云、糺之以政左傳廿一、直講師孝(中原)雜熱出來之間、師郷俄致參役了、着束庇座、百度座許着之、初獻之時、謁者略之、依無其仁也、弟子學生略之、依無其仁也、功人七人、後日被宣下了、（左傳）

(頭書)「大儒座主勤仕例、五・六ヶ度有之、依爲俄儀、不及初參議等也、」

十八日、戊申、晴、春日祭、上卿葉室中納言(宗豐)、權右少弁(マヽ)重政(裏松)、外記康富、史貝職(高橋)、召使行寛、內侍參向如例之、使左少將雅豐朝臣(藤原)云々、使可尋之、（春日祭）

廿一日、辛亥、晴、祈年穀奉幣也、先於陣被勘日時、上卿花山院大納言(持忠)、參議不參歟、弁重政奉行書定文、兩局周枝宿祢・師世朝臣外(六)位宗種・盛久、召使理繼、八幡使上卿兼行、賀茂飛鳥井中納言(雅世)、松尾右衛門督(四條)參議隆夏卿、平野四条宰相右衛門督隆盛卿(四條)、稻荷行豐朝臣(世尊寺)、春日勸修寺中納言(經成)、北野在綱朝臣、其外諸家諸大夫勲之、陰陽寮不參歟、局勢不參陣、例文以下与奪六位了、（祈年穀奉幣）

廿七日、丁巳、雨降、今日室町殿(足利義教)渡御三条前右府(公冬)御第、初度也、參會公卿三条大納言(三條西公保)・飛鳥井中納言・新藤中納言(廣橋兼郷)・藤宰相入道(高倉永藤)等也、路送殿上人實雅朝臣(正親町三條)・雅永朝臣(飛鳥井)・永豐朝臣(高倉)・資益(白川)、（足利義教三條公冬第に赴く）

良什座主宣命

廿八日、戊午、晴、今日座主　宣命、自山門持向竹中坊彼本坊(良什坊)竹中云々、

三月小

一日、庚申、晴、

御燈なし

三日、壬戌、晴、御燈无之、

足利義教河東花見

二條持基一條兼良赴く

出御連歌

足利義教歸還の途次若王子に赴く

四日、癸亥、晴、今日室町殿(足利義教)河東花御覽也、渡御于花頂僧正(定助)坊、御出之儀美麗、言語道断也、供奉御車扈從公卿三条大納言(三條西公保)・新藤中納言(廣橋兼郷)已上乘車、殿上人雅永(飛鳥井)朝臣・實雅(正親町三條)朝臣・永豐(高倉)朝臣・明豐(中御門)・資任(烏丸)・資益(白川)已上騎馬、諸大夫康任(惟宗)朝臣・經康(高階)同前、御隨身六人、各狩衣、付花、番長騎馬、在御車前、衞府六人、名字可尋、次攝政殿(二條持基)、御車、殿上人家輔(月輪)朝臣、諸大夫則重(源)朝臣、御侍、、、御隨身、人、番長在御車寄、次左大臣殿(一條兼良)、御車、殿上人爲清(五條)朝臣、諸大夫、、、御侍、、、衞府長一人被召具之、次門跡三寶院准后(滿濟)、車、次見聖護院准后(滿意)、次實相院僧正(義運)被去車、兩准后者騎馬、上童・坊官等被具之、出御未剋也、於花頂有御連哥、於一獻者畠山(持國)儲之、同日御臺御方若王寺(子)花御覽也、御連哥了、室町殿還御之次、渡御若王寺(子)、爲黄昏云々、若王寺(子)一獻、細川右京大夫(持之)儲之云々、

足利義教大原野花見
二條持基赴く

五日、甲子、雨降、未剋以後雨休、今日室町殿大原野花御覽也、御行裝如昨日供奉人〻等同如昨日、攝政殿・左大臣殿・三門跡同前歟、但自京者內〻御出也以神主宿所爲御出立所、渡御于御宿坊今阿弥陀坊云〻、有但自京御出內〻之儀也、御連哥、御一獻之、管領(斯波義淳)被儲之、御臺御方同出御彼御宿坊、御一獻之、山名(持豊)儲之、兩日之儀每事結構盡每事善美云〻、

足利義教二條持基若王子花見

九日、戊辰、晴、今日室町殿渡御若王寺(子)、有御連哥、攝政殿・左大臣殿同渡御云〻、

縣召除目始

十二日、辛未、晴、今日縣召除目始也、公卿藤大納言(武者小路俊宗)・葉室中納言(宗豊)・中山宰相中將(定親)執筆、弁幸房(清閑寺)、兩局師世朝臣(中原)・周枝宿祢(小槻)・六位外記宗種(清原)・親種(清原)・康冨(中原)・忠種(清原)・史盛時(安倍)、職頭弁(事脱カ)忠長朝臣(甘露寺)奉行・頭中將隆遠朝臣(鷲尾)・權右少弁長淳(土御門)・六位重仲(源)、御直盧所役經康、一人也、召使秀國(宗岡)、莒文右中弁・權弁兩人也、重反云〻、

足利義教仁和寺に赴く

今日室町殿渡御御室、其次渡御德大殿(寺脱カ)云〻、

縣召除目中夜

十三日、壬申、晴、及晩陰、除目中夜也、公卿万里小路大納言(時房)・勸修寺中納言(經成)・中山宰相中將執筆・左大弁(松木宗繼)宰相、弁幸房、兩局師世朝臣・六位外記親種・康冨・忠種・史盛時加莒文・召使秀國、職事頭弁(甘露寺忠長)・權弁(土御門長淳)・六位爲治(源)、所役繼長(高辻)・經康、

後花園天皇御衰日により縣召除目入眼延引

十四日、癸酉、雨降、除目入眼延引、依　禁裏(後花園天皇)御衰日也、

縣召除目入眼なし

十五日、甲戌、晴、除目入眼今日无之、依室町殿御衰日也、

縣召除目入眼

十六日、乙亥、今日除目入眼也、公卿洞院中納言(實熈)入眼上卿・中山宰相中將執筆・月輪宰相(基賢)・千種宰相中將(具定)兩相公陣右筆也、弁幸房、職事頭左(右)大弁・頭左中將・權弁・六位爲治、兩局周枝宿祢・師世朝臣・六位外記宗種・康富・忠種・史(高橋)員職・召使秀國、所役繼長・經康、翌日巳剋事訖云々、右中弁・權弁□莒文、重反云々、

足利義教九條家に赴く

十七日、丙子、晴、室町殿渡御九条殿、

足利義教參宮

廿日、己卯、晴、今日室町殿御參宮也、公卿中御門大納言(俊輔)・飛鳥井中納言(雅世)・新藤中納言(廣橋兼郷)、殿上人實雅朝臣・永豐朝臣・資任、諸大夫康任朝臣・經康、御隨身人々只一人云々可尋之布衣可尋之、

北野社一切經會

廿一日、庚辰、北野一切經會也、三条大納言・四条宰相(隆夏)・左中弁(日野資親)等參向之、召使行(理)繼參之、

別殿行幸

廿三日壬午今日

廿三日、壬午、晴、今日別殿　行幸也、頭中將(鷲尾隆遠)申沙汰之、

足利義教伊勢より還る

廿六日、乙酉、雨降、今日室町殿自伊勢御還向也、去廿三日・四日兩日御參宮云〻、

足利義教月次連歌

廿九日、戊子、天陰、今日室町殿月次御連哥也、有懸物鬮、重寶等被出之云〻、

寶山乾珍相國寺住職となる

今日相國寺入院、室町殿御出云〻、

四月大

句平座

一日、己丑、晴、平座、上卿藤大納言(武者小路)俊宗卿、少納言不參、權弁(土御門)長淳・外記(清原)忠種・史(安倍)盛久等參之、

松尾祭
平野祭延引

八日、丙申、晴、松尾祭、權弁參向之、內侍不參云〻、平野祭延引了、

梅宮祭

九日、丁酉、晴、梅宮祭、上卿勸修寺中納言經成卿・右中弁(清閑寺)幸房・外記(清原)宗種・召使(宗岡)秀國等參向之、內侍不參也、

足利義教月次歌會

今日室町殿(足利義教)月次御哥御會云〻、今日室町殿大饗事、內〻被仰出之、但日次不宜子細申之

間、不及治定御沙汰云々、

賀茂祭警固

十九日、丁未、晴、賀茂祭警固也、上卿三条大納言（三條西公保）、職事左少弁明豊（中御門）、外記康富（中原）、諸衛藏人藤原懐藤一人參之、

日吉祭

廿日、戊申、晴、日吉祭、上卿新藤中納言兼郷卿（廣橋）・權中弁幸房（右）・外記忠種（清原）・史盛久（安倍）・召使理繼等參向之、剋限（上卿）被忩之（剋限）間、不被待內侍被行之云々、

平野祭

今日平野祭、權右少弁長淳・外記親種（清原）・史員職（高橋）・召使秀國等參向之、上卿不參也、內侍不參歟、

足利義教蹴鞠始

今日室町殿御鞠始也、於當御所初度也、公卿三条大納言（三條西）公保卿・飛鳥井中納言雅世卿・中山宰相中將定親卿・左大弁宰相（松木）宗繼卿、殿上人雅永朝臣（飛鳥井）・實雅朝臣（正親町三條）・雅親（飛鳥井）、賀茂輩兩人秀久（賀茂）・夏久（賀茂）兩人參之、公卿以下御引物有之云々、

賀茂祭
足利義教見物

廿一日、己酉、晴、賀茂祭也、近衛使左少將資益（白川）、女房使典子（侍）日野一位入道（有光）被沙汰立之、官人明世（坂上）、行列外記康富、奉行左少弁也、室町殿於一条室町御見物、御立車、仍使々一度渡之、時剋早速之、

解陣

廿二日、庚戌、雨降、解陣、上卿葉室中納言宗豐卿、職事左少弁(明豐)、外記康富、諸衛藏人源爲治一人參之云〻、

吉田祭

廿四日、壬子、晴、吉田祭、上卿藤大納言・左少弁・外記親種・史盛時(安倍)・召使秀國等參向之、

足利義教會所に移る

廿六日、甲寅、雨降、今日室町殿御會所御移徙也、

鴨比良木社假殿遷宮

廿七日、乙卯、雨降、今日鴨比良木社假殿遷宮也、先於陣被勘日時、上卿勸修寺中納言經成卿、左少弁明豐奉行職事、六位外記親種、史盛久、陰陽寮、〻〻一人參之云〻、當寮〻官一人參本社、莚道析也、於莚道者社家用意之、御訪二十疋下行之、武家公方奉行沙汰之、主殿寮・大藏省等參向之、

足利義教家司十一名補せらる

今日被補室町殿家司了、十一人也、雅永朝臣(飛鳥井)左中將・爲清朝臣(五條)少納言大内記・知俊朝臣(安居院)大藏卿・忠長(甘露寺)頭右大弁・永豐朝臣(高倉)左兵衛權佐・明豐藏人左少弁・長淳藏人權右少弁・高經(海住山)勘解由次官・資任(烏丸)左衛門佐・雅親左少將・實勝(滋野井)侍從、

足利義教新會所にて連歌あり

廿九日、丙辰(丁巳)、今日室町殿於新造御會所、有御連哥、攝政殿(二條持基)・一条殿(兼良)御參、人〻懸物等持

參云々、

五月小

足利義教鹿苑院に赴く

一日、己未、雨降、室町殿（足利義教）自今日御坐鹿苑院云々、

足利義満追善等持寺法華八講始

二日、庚申、晴、於等持寺八講始、自今日被行八講、來六日鹿苑院殿（足利義満）御追善也、今日清外史（清原宗業）參鹿苑院、有御對面、兩三年被止室町殿參、今日御免之、

等持寺法華八講結願

六日、甲子、申剋許雷鳴雨降、御八講結願也、

別殿行幸

今日別殿　行幸也、左少弁（中御門明豊）申沙汰之、

三條西公保和歌會

十七日、乙亥、晴、今日、三条大納言（三條西公保）和哥御會也、

足利義教和歌抄物を書寫せしめる

十八日、丙子、晴、今日向飛鳥井中納言（雅世）許、室町殿御双子六帖請取之、和哥抄物也、被仰人々令書写之、

十九日、丁丑、晴、御哥双帋書始之、

北山鹿苑寺で喧嘩あり

廿日、戊寅、於北山鹿苑寺門前有喧嘩事、北野社僧一人被致害、

六月大

日野家秀薨去

一日、戊子、晴、今日被任權大納言、今日執權卿(日野家秀、前名秀光)薨、年卅二、長病也、廣橋中納言(兼郷)息(春龍丸)相續彼跡云々、

三日、庚寅、今日任大臣兼來廿四日宣旨并御着陣來廿四日、頭弁(甘露寺忠長)爲奉行相觸云々、

祈雨奉幣

正親町實秀薨去

五日、壬辰、雨降夕立也今日被行祈雨奉幣也、上卿藤大納言(武者小路)俊宗卿・職事藏人權右少弁長(土御門)淳・外記(清原)忠種・史(安倍)盛久等參陣、午剋被行之歟、則今日雨降、夕立也、正親町一品禪門(正親町)實秀卿今曉薨、脹滿所勞云々、子息左中將持季朝臣也

祇園社神輿迎

吉田社第二第四社殿神服劍袋鼠害

七日、甲午、時々雨降、祇園御輿迎如例、

今日被行軒廊御卜、吉田社第二・第四御殿神服并御劒袋、鼠食又鼠巣云々、去月五日奉見付之云々、上卿勸修寺中納言經成卿、職事藏人左少弁(中御門)明豐、外記忠種、史盛久、神祇官大副(吉田)兼富朝臣・權大副(卜部)兼勝朝臣・同(吉田)兼名朝臣・陰陽寮(土御門)有淸朝臣・寮頭(土御門)有季等參陣之、當寮役官寮座五十疋被下行之了、

足利義教妾御產

八日、乙未、今日室町殿(足利義教)御思人(小宰相局)御產、々々所京極宿所也、姬君云々、

月次神今食

十一日、戊戌、雨降、月次・神今食、上卿勸修寺中納言・參議千種宰相（具定）中將丙合・少納言（五條）爲清朝臣丙合・權右少弁・外記忠種・史盛繼（中原）・召使行寛（宗岡）等參之、

足利義教著陣習禮二條持基出づ

十二日、己亥、晴、今日室町殿來廿四日御着陣御習礼內〻有之云〻、攝政殿（二條持基）渡御也、

斯波義豐卒去

十三日、庚子、今日管領（斯波義淳）子息治部大輔（斯波義豐）、、逝去、年十八云〻、一子也、

祇園御靈會

十四日、辛丑、晴、祇園御靈會如例、室町殿御淺（棧）敷无之、

祇園臨時祭なし

十五日、壬寅、祇園臨時祭无之、當御代未及御沙汰也、

定助寂す

今日花頂僧正（定助）被薨云〻、

月蝕

十六日、癸卯、今日月蝕皆虧、酉戌亥剋也、御所褁如例、寮役析足、自藏人方兩人七十疋致沙汰了、

足利義教習禮二條持基出づ

廿三日、庚戌、於室町殿、入夜明日有御習礼有之、攝政殿渡御、以御車宿被擬仗座云〻、所役人〻參之云〻、

足利義教に任大臣兼宣旨を下す

今日　宣下条々、權中納言義資(裏松)卿・廷尉佐重政(裏松)等辞退也、權中納言宗繼(松木)・持通(二條)・左大弁淸房(海住山)・左衛門督兼鄕(廣橋)・權佐資任(烏丸)等也、兼鄕大理・資任廷尉同被　宣下官方云々、

廿四日、辛亥、晴陰不定、今日御着陣室町殿大將以後并任大臣兼　宣旨也、扈從公卿万里小路大納言時房・三条大納言公保(三條西)・花山院大納言持忠・洞院中納言實熙・三条中納言實量御簾役・別當兼鄕・左大弁宰相淸房、殿上人頭右中將實雅朝臣(正親町三條)・頭右大弁忠長朝臣・左中將爲之朝臣(冷泉)・右少將公知朝臣(一條)・左兵衛權佐永豐朝臣(高倉)・右中弁幸房(淸閑寺)中文直弁・藏人左少弁明豐・藏人權右少弁長淳・左衛門權佐資任・右少將繁宗・左少將雅親(飛鳥井)・左少將資益(白川)、退去乘車連軒、地下前駈康任朝臣(惟宗)・經康朝臣(高階)・成長(丹波)、、、御隨身六人、番長騎馬如例、御後官人□□、□各衛府十八人、帶刀二人、御身固在盛卿(勘解由小路)、戌剋出御、

出御

御路次万里小路南行、北小路東行、鷹司西行、至東洞院、候床子座人々、左大弁宰相・頭右大弁・少納言爲淸朝臣・右中弁・左少弁・權弁・四位大史周枝宿祢(小槻)・爲緒宿祢(小槻)・四位大外記師世(中原)朝臣等也、六位外記親種(清原)着陣分配・康富(中原)、史盛久・員職(高橋)・召使理繼・內堅康行(竪)(川)參室町殿申召之由□等參陣、先御着陣之、頭中將(鷲尾隆遠)年預・少將繁宗・雅親等着陣、請印儀如例云々、一向本府沙汰也、印本府印也、中文左大弁宰相・右中弁直弁・周枝宿祢役之云々、令着宜陽殿給、御沙汰兩面半帖也、兼日自攝政殿被計給候間、進兩面了、次兼宣旨、頭弁申之云々、

本所儀著座公卿

子剋御退出、本所儀着座公卿万里小路大納言・左大弁宰相許着之、頭弁爲奉行家司中沙汰之、陰陽師在盛卿・有季（土御門）兩人參之云〻、

今日拜賀人〻三条中納言・別當（廣橋兼郷）・廷尉佐資任等也、宜陽殿御座兩面半帖、當寮役也、兼日被付具足四十疋調進了、陣御座者本府沙汰之、新調歟、

足利義滿著陣の例

鹿苑院殿（足利義滿）御着陣之、康厂二十二廿五有之、大略被摸彼例云〻、

畠山滿則卒去

廿七日、甲寅、畠山修理大夫（滿則）入道逝去、年六十一云〻、

大祓

卅日、丁巳、大祓、右少弁（裏松重政）參向之云〻、今日大饗弘莚料足、且四百疋被下行候了、飯尾左衛門大夫（貞元）出付（切カ）符了、

七月小

一日、戊午、晴、

足利義教二條持基第に赴く

四日、辛酉、今日室町殿（足利義教）渡御于攝政殿（二條持基）、

乞巧奠

七日、甲子、晴、雨降、乞巧奠、寮役如例、

足利義教石清水社參詣

十日、丁卯、今日室町殿八幡御社參也、公卿別當兼鄕卿(廣橋)、殿上人實雅朝臣(正親町三條)頭右中將・永豐朝臣(高倉)左兵衛權佐・藏人左少弁明豐(中御門)・右(左)佐資任(烏丸)・左少將雅親(飛鳥井)・左少將資益(白川)、諸大夫、、、還御、若宮・北野御參詣如例、

北野社參詣

大饗

足利義教石清水社より還る

今日大饗御裝束始并粁理始也、室町殿自八幡入夜御還向、其以後有此事云々、當寮々官二人着裝束之由、可參奉行家司頭弁(甘露寺忠長)被示之間、兩人沙汰進了、各着白張、御訪兩人二百疋被下行了、御裝束始之時、懸御簾、敷御帖、弘莚一枚云々、

十二日、己巳、今日弘莚粁之殘、奉行出切符惣都合千二百十疋也、

靈山參詣

十三日、庚午、晴陰不定、今日參靈山了、

盆供

十五日、壬申、晴、盆供如例致沙汰、

足利義教に弘莚を進む

廿二日、己卯、晴、今日弘莚進室町殿了、大略今日令敷之、此內少々先令撤之、予內々參之、傳奏万里小路大納言(時房)・武家奉行等祗候、

足利義教明日習禮二條持基出づ

廿四日、辛巳、室町殿明日御習礼、攝政殿渡御、人々內々祗候云々、

任大臣節會

廿五日、壬午、晴、申剋微雨下、夕立也、則晴、今日任大臣節會、內弁左大將(大炊御門)信宗、外弁鷹司大納言房平、万里小路大納言時房・中御門大納言俊輔・三条大納言(三條西)公保・花山院大納言持忠・洞院中納言實煕・三条中納言實量・葉室中納言宗豐・飛鳥井中納言雅世・別當(廣橋)兼鄕・中納言中將殿(二條)持通・四辻宰相中將季保・左大弁宰相(海住山)清房、宣命使・源宰相(庭田)重有・四条宰相隆夏、少納言(五條)爲清朝臣、弁權右少弁(土御門)長淳、次將左(飛鳥井)雅永朝臣・(月輪)家輔朝臣・(冷泉)爲之朝臣・(法性寺)親豐、右(六條)有定朝臣・(三條)公久朝臣・(一條)公知朝臣・繁宗・雅親・資益、兩局(小槻)周枝宿祢・(小槻)爲緒宿祢・(中原)師世朝臣・(清原)業忠・六位外記(清原)親種・(中原)康富・(清原)忠種・(高橋)史員職少內記・召使官掌、、・召使理繼、、、　酉終被始行節會云々、奉行職事頭中將(鷲尾隆遠)也、陣儀以後、令与奪左少弁欤、

任太政大臣二條持基
任內大臣足利義教

今日任人、

太政大臣(基)持―　攝政

內大臣源義(教)―　征夷大將軍　右大將

權大納言實煕

　實量

參議

　(正親町三條)實雅

足利義教參內

室町殿御參內酉始也、御路次北小路東行、万里小路南行、鷹司西行、高倉北行、自東門

御參、節會之間御座御直廬、扈從公卿節會參外右衛門督隆盛伯三位雅兼・等也今小路三位中將持冬等也、

殿上人見散狀御隨身六人、番長騎馬、官人騎馬也、御退出之時廿八人歟、地下前驅十人・衛府十人・帶刀廿人已上見散狀、公卿・殿上人連軒了、

其後則攝政殿御立、自高倉面御車、

足利義教拜賀

節會了、室町殿御拜賀也、候床子座人〻、爲清朝臣・益長朝臣（東坊城）・幸房（清閑寺）・明豐・長淳・周枝・沓爲緒・師世・業忠等也、中次頭弁（甘露寺忠長）、雖自四足門出御、御參仙洞、中次雅永朝臣云〻、御退出之時於四足門有留御前、外記康富・史員職・官掌・召使等如例云〻、御路鷹司西行、鷹取北行也、還御路如元、御簾役鷹司大納言殿、御沓役飛鳥井中納言也、室町殿御退出之後、攝政殿御拜賀也、還御之後、則有大饗儀、尊者左大臣殿（一條兼良）、公卿以下參陣人〻也、穩座・御遊等如例、翌朝辰剋事訖云〻、

今日局矜御訪千疋、□□ 六位外記康富・史員職各千疋也、已上永德例也、

大饗

廿六日、癸未、晴、今日辰剋大饗儀了、今日師世朝臣除書幷大將還 宣旨等持參之、中次永豐朝臣也、砂金十兩賜之、代物三千疋也二千五百疋、召使理繼千疋賜之云〻、

廿八日、乙酉、今日人〻參賀也、

八月大

別殿行幸

一日、丁亥、去夜大風雨也、今日別殿　行幸也、右少弁（裏松重政）申沙汰也、

東大寺房俊寂す

二日、今日東大寺別當西室房俊僧正他界云〻、

北野祭
足利義教見物

四日、庚寅、北野祭如例、室町殿（足利義教）御見物云〻、

足利義教公家判始

七日、壬辰（癸巳、）今日室町殿被改御判云〻、

釋奠

十一日、丁酉、雨降、尺（釋）奠也、上丁延引、不知其故、上卿勸修寺中納言經成卿、參議左大弁宰相清房（海住山）、少納言爲清（五條）朝臣、弁右少弁重政奉行職事、大外記師世（中原）朝臣、六外（位）外記康富（中原）、史盛繼（中原）、召使〻〻、

孝經

座主直講師俊（中原）初參、文人在實（唐橋）朝臣・在豐（唐橋）朝臣文章博士・在綱（唐橋）朝臣講師、序者菅原在鄉（唐橋）、講書孝經、
座主・史生下行物二百疋云〻、本道座屛風敷（鋪）設等史生用意之云〻、
上卿遲參、及曉參之、

一條兼良攝政宣下

十三日、己亥、雨降、今日攝政詔　宣下也、上卿三条大納言公保（三條西）卿、職事頭右大弁忠長（甘露寺）朝

石清水放生會
神人訴訟
駒引
足利義教小袖間新造
足利義教兵庫下向
渡唐船
足利義教兵庫より還る

臣、弁權右少弁長淳(土御門)、兩局周枝宿祢(小槻)・爲緒宿祢(小槻)・師世朝臣・六位外記忠種(清原)・史貝職(高橋)少内記、中勢丞源重仲極﨟藏人、詔書中勢丞賜之、預置云々、

宣下条々、攝政事詔書也、藤氏長者、前攝政(二條持基)内覽兵仗事、已上被　宣下當局了、攝政牛車・兵仗事、後日可被　宣下云々、

十五日、辛丑、晴、放生會、上卿藤大納言俊宗卿(武者小路)・參議源宰相重有卿(庭田)・右中弁幸房(清閑寺)・外記宗種(清原)・史盛久(安倍)・召使秀國(宗岡)・右衞府使右中將長資朝臣(綾小路)・右馬頭兼名朝臣(吉田)等參向之、依神人訴訟、剋限遲々云々、

十六日、壬寅、晴、駒引、上卿不參、々々議具定卿(千種)、少納言益長朝臣(東坊城)、左中弁資親朝臣(日野)、外記忠種、史盛繼、引分佐右少將(將カ)有經(山科)、弁・少納言依官次着床子云々、引御馬之時者任位次之、資親位次之上首也、

今日室町殿新造御小袖間、被渡御小袖、人々參賀云々、

十七日、癸卯、晴、今日室町殿兵庫御下向、爲被出渡唐船云々、

廿五日、辛亥、晴、今日室町殿自兵庫還御、書写山・明石・淡路嶋等御歴覽云々、

足利義教直衣始

廿七日、癸丑、晴、今日御（室町殿）直衣始也、秉烛以後還御也、扈従公卿中御門大納言俊輔、直衣・西園寺大納言公名、束帯・新大納言（三條）實量、同・中御門中納言（松木）宗繼、束帯、今日申拜賀・別當（廣橋）兼郷、直衣・中山宰相中將定親、束帯・（正親町三條）實雅朝臣宰相中將、直衣、殿上人（飛鳥井）雅永朝臣・（甘露寺）忠長朝臣・（鷲尾）隆遠朝臣束帯・（高倉）永豐朝臣・（烏丸）資任・（白川）資益已上連軒、諸大夫十人、衣冠騎馬、衞府十人、帶刀十人、御後官人滿平中条、御路次如去月御拜賀、先御參　內、次御院參也、於　仙洞有三獻、御簾役新大納言御沓役云〻、大理用八葉、其外毛車也、御隨身八人、布衣、付花、奉行家司忠長朝臣也、前攝政殿相國御參會之、

任大臣節會

足利義教任左大臣

廿八日、甲（辛）寅、晴、今日任大臣節會也、公卿洞（内）院（實熈）大納言内弁・外弁□□新大納言・葉室中納言（宗豐）・飛鳥井中納言（雅世）・〻〻中納言 別當・左大弁宰相・源宰相・四条宰相（隆夏）・千種宰相中將（具定）・實雅朝臣宣命使、少納言爲清朝臣、弁（中御門）明豐同、職事頭右大弁忠長朝臣・頭中將隆遠朝臣奉行・權右少弁長淳、兩局周枝宿祢・爲緒宿祢・師世朝臣・業忠（清原）・六位外記康富・忠種・史盛久隨宣命・貝職・召使秀國、次將左雅永朝臣・爲之（冷泉）朝臣、右有定（六條）朝臣、任人左大臣源義（教）―・內大臣藤（大炊御門）信宗兩人也、左大臣右大將・內大臣左大將等事、有還　宣旨、節會以前洞院大納言被遂着陣、右大弁・權弁直弁従之、新大納言雖未着陣、被行外弁事、

足利義教蹴鞠會

今日於室町殿有御鞠御會、今朝人ゝ參賀之、

廿九日、乙卯、晴、今日人ゝ參賀、局務(中原師世)持參聞書幷大將還　宣旨、砂金十兩被下之、

九月小

一日、丁巳、陰晴不定、

御燈なし

三日、己未、晴、御灯无之、

重陽平座

九日、乙丑、雨降、重陽平座、上卿不參、ゝ議四条宰相隆夏卿・少納言益長(東坊城)朝臣・右少弁重政(裏松)・外記忠種(清原)・史員職(高橋)等參陣之、

日野家秀遺跡相續兒卒去

今日日野故執權(家秀)遺跡相續小童(春龍丸)大理(廣橋兼郷)息也、卒去、八歲云ゝ、□(胸カ)病所勞也、

足利義教富士御覽

十日、丙寅、晴、今日室町殿(足利義教)富士御覽進發也、公家御共、飛鳥井中納言(雅世)・三条宰相中將(正親町三條實雅)・永豐朝臣(高倉)等也、自今日御留守中　禁裏・仙洞晝夜別人ゝ被　祗候之人ゝ被仰之、禁裏三条前右府(公冬)・万里小路大納言(時房)・按察大納言(三條西公保)・洞院大納言(實熈)・伯二位(雅兼王)云ゝ、仙洞內府(大炊御門信宗)・中御門大納言(俊輔)・西園寺大納言(公名)・中御門中納言(松木宗繼)・中御門(山)宰相中將(定親)云ゝ、

例幣

十一日、丁卯、晴、例幣、上卿藤大納言(武者小路俊宗)・右少弁・外記康富(中原)・史員職・召使理繼等參之云々、

別殿行幸

十四日、己巳(庚午、) 晴、今日別殿　行幸也、權弁(土御門長淳)申沙汰之、

足利義教駿河より還る

廿八日、癸未(甲申、) 晴、今日室町殿還御也、去十八日駿河國府ニ着御、廿日清見寺被渡御、同還御國府、廿一日御歸路云々、

十月大

旬平座

一日、丙戌、及晩雨降、平座、上卿不參、々々議中山宰相中將定親卿、少納言不參、權右(左)少弁明豐(中御門)奉行・外記親種(清原)・史盛久(安倍)等參陣云々、

伊勢一社奉幣

廿一日、丙午、晴、今日伊勢(一社奉)幣也、上卿万里小路大納言時房卿、弁右中弁幸房(清閑寺)、外記忠(清原)種、史員職(高橋)、召使理繼、先於陣有定之(定有)、職事頭弁忠(右大)長(甘露寺)朝臣也、陰陽寮可尋之、當寮役料足、去八日三百疋被下行了、

外宮神體去年紛失

外宮寺宮神躰、去年紛失之處、其出來給之故云々、

別殿行幸

足利義教院參
明年後花園天皇御元服

二條持基攝政詔書

御元服定

二條持基拜賀

牛車兵仗宣下

清原良賢卒去

廿五日、庚戌、晴、別殿　行幸也、權弁(土御門長淳)申沙汰之、

廿六日、辛亥、晴、今日室町殿(足利義教)御　院參也、明年　禁裏(後花園天皇)御元服事可被申之、至德御例云々、

今夜攝政　詔宣下也、上卿西園寺大納言公名卿・奉行頭左大弁忠長朝臣・左少弁明豐・(小槻)周枝宿祢・(中原)師世朝臣・六位忠種・盛久少内記・中㔟少輔時繁(小槻)等參陣、氏長者事被　宣下兩局了、

廿八日、癸丑、晴、今夜於　院殿上有御元服定、攝政殿(二條持基)御參、先御拜賀也、公卿万里小路大納言時房・按察大納言(三條西)公保・西園寺大納言公名・洞院大納言實熈・葉室中納言宗豐・日野中納言(廣橋)兼鄕・左大弁宰相(海住山)清房、奉行權弁也、傳奏万里小路大納言、陰陽師有淸(土御門)朝臣・有季(土御門)、

今夜攝政殿御拜賀、自里第御參、扈從公卿万里小路中御門大納言(俊輔)一人之、殿上前駈六人、地下前駈二人云々、

少納言(東坊城)益長朝臣・周枝宿祢・師世朝臣候床子座、

先有牛車・兵仗　宣下、上卿按察大納言、奉行頭右大弁、官㔟・局㔟・六位盛時(安倍)等也、

廿九日、甲寅、今日五条少納言(清原良賢)入道常宗他界、八十五、此間不食云々、

十一月大

一日、丙辰、晴、

後花園天皇御元服行事所始

十六日、辛未、晴、今日御元服行事（藏人方）所始也、於 内裏有此儀其後於在方卿（賀茂）宿所、又有此儀云々、當寮役座致沙汰候了、料足三十疋、自藏人方渡之、

春日祭

十七日、壬申、晴、春日祭、上支干、上卿被申延之、上卿三条大納言實量卿、權右少弁長淳（土御門）、六位外記宗種（清原）、史史盛時（安倍）、召使行寛（宗岡）、使右中將公知朝臣（一條）、内侍勾當云々、予内々下向了、

吉田祭

今日吉田祭、上卿花山院大納言持忠卿・右少弁重政（裏松）・外記康富（中原）・史員職（高橋）・召使理繼等參向、

梅宮祭

十八日、癸酉、晴、梅宮祭、上卿葉室中納言宗豊卿・左少弁明豊（中御門）・外記康富・召使、、參向、

大原野祭延引

廿一日、丙子、晴、大原野祭、諸司等已參向之處、前日於社中鹿爲□熊被食、仍爲穢之間、不被行之云々、

中原師邦卒去

今日師邦（中原）禪門卒去、年八十二、老病云々、

園韓神祭

廿二日、丁丑、晴、園・韓神祭也、上卿不參、右中弁幸房（清閑寺）・召使理繼等參向、內侍參向如例云々、

冬至

「（頭書）今日冬至也、」

鎭魂祭

廿三日、戊寅、晴、鎭魂祭、中山宰相中將定親卿、左少弁（權右少弁）長淳、召使秀國（宗岡）、外記不參、內侍參向、

新嘗祭

廿四日、己卯、晴、新嘗祭、上卿葉室中納言・參議源宰相重有（庭田）卿・少納言益長（東坊城）朝臣・左少弁明豐・外記康富・史員職・召使秀國等參向、

豐明節會平座

廿五日、庚辰、豐明平座、

大原野祭

廿七日、壬午、晴、大原野祭也、上卿西園寺大納言公名卿・右少弁重政・外記康富・召使秀國等參向之、

先於陣被勘日時、諸社祭他月例、近來雖有之、不及被勘日時、先例可尋之、頭中將（鷲尾隆遠）奉行

也、他支干例、兼日被尋之云々、
今夜内府（大炊御門信宗）拜賀也、可着陣之由雖被相觸、今夜無其儀、
廿九日、甲申、晴、平野祭、上卿不參、左中弁資親（日野）朝臣・左少史盛時・召使理繼等參向之、外記不參、

十二月大
一日、丙戌、晴、
二日、丁亥、晴、今日月次・神今食御教書到來、左少弁（中御門明豊）奉行則書卜形遣神祇官候了、
三日、戊子、晴、卜形到來之間、職事へ注遣、此次請文同遣了、
五日、庚寅、晴、室町殿（足利義教）來九日御拜賀着御陣御教書到來、頭弁（甘露寺忠長）奉行也、可候床子座之由、載礼帋被觸之、則獻請文了、
六日、辛卯、

大炊御門信宗拜賀
平野祭
月次神今食卜形を神祇官に遣す
卜形を職事に遣す
足利義教拜賀著陣御教書

明日足利義教習禮

七日、壬辰、晴、入夜權弁(土御門長淳)以使者云、明日□〻室町殿可有日時定御習礼可參候云〻、

足利義教習禮

二條持基足利義教內々參內

八日、癸巳、朝間雨小降、則晴、及晩參室町殿、依可有御着陣并日時定御習礼也、先可參御東向之由、日野中納言(廣橋兼鄉)被示送之間、參御東向、万里小路大納言(時房)同被祗候、在方(賀茂)・有盛(土御門)兩卿祗候、今月条〻　宣下、日次勘申之、室町殿內〻御參內、被御覽陣邊、攝政殿(二條持基)內〻御參、攝政殿御小直衣也、其後參御西向、左大弁宰相(海住山清房)・頭弁・頭中將(鷲尾隆遠)・右中弁(清閑寺幸房)・權弁・官務(小槻周枝)・康富(中原)・員職(高橋)、其外官・藏人方輩等參候、其剋限日野中納言被來、於御前可隨所役人數許可參之由、被申之間、頭中將・右中弁・權弁・官務・予、以上五人參之、於御會所御東向、有御習礼之儀、攝政殿御座、日野中納言被申沙汰之、堅固內〻儀也、陣官人一人祗候之、人〻皆直垂也、室町殿御小直衣云〻、

足利義教左大臣拜賀

伊勢一社奉幣

足利義教牛車

兩院別當宣下

九日、甲午、晴、時〻飛雪、今日室町殿轉任左大臣御拜賀也、今日伊勢一社奉幣日時定被行之、後上卿室町殿御勲仕也、今日又室町殿牛車并淳和・奬學兩院別當等被　宣下之、皆口宣也、上卿花山院大納言(持忠)也、予申一点書　宣旨牛車事、參室町殿、於路次逢官務、相伴參之、官務持參兩院別當并源氏長者　宣旨、兩院一通、長者一通、彼是二通也、

二條持基出座

其後、扈從公卿等被參之、攝政殿渡御、御衣冠、秉烛時分、中次大內記爲清朝臣(五條)束帶來、於中

鷹司房平左大将に任ぜらる

門妻戸外、先招官勢、取　宣旨入莒蓋持參歸來、招予取　宣旨又持參、小時申次來殿上前、此時分、公卿下地列立也、招官勢返賜莒蓋、恩祿砂金褁紙被入之、其後又來、招予賜莒蓋、彼褁紙被入之、被仰云、先被入褁紙砂金事者、則被仰付之、此時分已出御也、御出御以後官勢相共參陣、着床子、左大弁宰相淸房卿・頭弁忠長朝臣・少納言爲淸朝臣・(東坊城)益長朝臣・右中弁幸房・左少弁明豐・權右少弁長淳等着床子、(足利義教)左大臣殿令經床子前給、各平伏、於無名門前令　奏慶給、御半帖被召、去六月大將御拜賀南第一間敷兩面半帖、中次頭左中將(鷲尾)隆遠朝臣、御舞踏了、御堂上、其後令着宜陽殿給、御舊物了、其後御着陣、有申文、左大弁宰相着床子、見申文、直弁右中弁、官勢從申文事了、有日時定、不令起座給、左大臣殿召右中弁、被仰日時事、弁仰史、〻仰陰陽寮、寮頭(土御門)有淸朝臣・有藤朝臣・有季(土御門)等於腋陣勘申之、〻進召之如例、次召外記、莒予持參之、其(マヽ)召弁奏聞欤御、被返下之後、召予返賜莒、其後起陣、令　奏慶給、殿上別當事被仰之故也、頭中將參軾申之云〻、時分可尋、事了御退出、令經床子前給、各平伏如前、其後御參　仙洞、令　奏慶給、頭中將申次云〻、令補院別當給、同令　奏慶給云〻、御退出子剋也、

予其後參鷹司殿、進左大將　宣旨、件　宣旨於室町殿書之了、申次大膳權大夫通重(大江)也、左大將殿御扈從之後、御參內、令奏大將慶給、其後御參　仙洞、相待後、御歸之間、及深更了、

足利義教拝賀前に參陣異なり

室町殿御拝賀已前、中御門（俊輔）大納言參陣、頭中將　宣下左大將事、上卿召外記康富被　宣下了、今日有留御前、權少外記康富・右大史員職・官掌（紀）成茂・召使理繼等參之、六位外記・史御訪各二百疋云々、

義教拝賀扈從の人々

御拜賀扈從公卿

内大臣（大炊御門）信宗　今日宣下左大將房平　御出申沙汰万里小路大納言時房　中御門大納言俊輔　按察大納言（三條西）公保　西園寺大納言公名　洞院大納言實熈　藤中納言（柳原）忠秀　葉室中納言宗豐　飛鳥井中納言雅世　日野中納言兼郷　四条宰相隆夏　三条宰相中將（正親町三條）實雅　三位中將（今小路）持冬

殿上人連軒了、

爲清朝臣　（冷泉）爲之朝臣　奉行家司忠長朝臣　奉行〻〻益長朝臣　幸房　長淳　（白川）資益

地下前駈

（惟宗）康任朝臣　（高階）經康

御身固有盛卿　衞府布衣六人　帶刀六人云々、

今日（高倉）永豐朝臣依輕服不扈從、然而於御裝束者參之了、（高倉永藤）藤宰相禪門重服之間一向不參云々、

足利義教邸參賀

十一日、丙申、晴、今日室町殿參賀也、有御對面、

月次神今食

今日月次・神今食、上卿藤中納言・參議四条宰相・少納言爲清朝臣・右少弁重政(裏松)・外記宗種(清原)・史盛時(安倍)・召使理繼等參之云々、

伊勢一社奉幣

十四日、己亥、晴、今日伊勢奉幣發遣也、上卿西園寺大納言參陣、被　奏　宣命、職事權右少弁長淳・外記康冨奉幣分配・少內記盛久(安倍)等參陣、事了相引被參神祇官、左中弁(日野資親)・官勢直參本官云々、予任至德例可參之處、明旦於室町殿可有御元服、當日御習礼之由、俄被仰之間、於事計會、仍不參了、

足利義教習禮

十五日、庚子、晴、於室町殿可有御習礼之由、被仰之間、人々群參之處、及晩延引候之由、被仰了、

二條持基還御

攝政殿則還御、

御元服日時定
擬侍從定

今夜御元服日時定并擬侍從定也、亥剋參陣人々雖被參、內府(大炊御門信宗)遲參、及丑剋被參陣、先被遂着陣、左大弁宰相着床子、被見申文史盛久進之、直弁左中弁也、是已前、予起床子了、左大弁・左中弁・官勢等在床子、事訖予着床子、內府不被起座、位次万里小路大納言・勸修寺中納言(經成)・左大弁宰相等被着仗座、職事藏人權弁就軾、下申日時勘文、次上卿以官人召外記、予參軾膝行如恒、上卿下賜日時勘文、予置笏其上、引礼帋結申之退、則以官人召外記、

予參軾、上卿被仰云、元日擬侍從例文進之、予稱唯退、持參例文、入莒、古定文一卷、五位已上歷名帳一卷、土代折帋等入之、定文・厂名帳立籤、上卿一〻披見之了、取笏被氣色、予退了、六位宗種置御硯於參議座前、上卿令左大弁書之、左大弁兼書儲之、端兩三字年号月日等被殘之、內〻被入御硯了、卷副厚紙入御硯、書了被獻上卿、〻〻以職事權弁奏聞、被返下之後、以官人召外記、予參軾、被下例文莒定文被入之、予賜之、不結申退出、次宗種撤御硯次召弁左中弁次宗種撤御硯、次職事進軾、仰陶器鯛醬事、上卿召弁被仰之、其後、公卿自下﨟被退出、于時寅剋也、

被下日時之後、又召外記之間、可爲弁哉之由、以陣官人尋申之處、外記可參云〻、仍參軾了、日時之後召弁、可被仰御元服事歟、至德度如然、

今夜陰陽寮三人有清朝臣・有藤朝臣・有季、於藏人所勘申日時、當寮座半帖等沙汰進了、

今夜御冠師參、束帶取御冠寸法歟木道參之云〻、爲御冠頭形歟、

日野中納言(中原)直衣被參之、

今夜官勢・師鄉・宗種・盛久等參陣、

職事權弁外重仲(源)參之、猶可尋之、

十八日、癸卯、晴、今日御八講結願也、

足利義教習禮

十九日、甲辰、晴、今日於室町殿可有御習礼之由、被仰下之間、午剋參之、攝政殿渡御、然而內々御沙汰歟、御元服當日、南殿御裝束之儀、大概被摸之、酒具・洗器等被置之、傳奏・奉行職事・官勢等參之、此外人々參之、

今夜飛鳥井中納言着陣、

大和に赤松勢討死

後聞、今日於大和、赤松(義雅)勢多被討云々、

松田九郎左衞門恩祿金切符を出す

廿日、乙巳、晴、今日去九日恩祿金代物二千七百疋切符、松田九郎左衞門出之、

御元服山陵使定及び發遣

廿一日、丙午、及晚天陰、今日御元服之由、山陵使定幷發遣也、戌剋參陣、先々內府被參、於殿上謁奉行職事藏人權弁、其後官勢參之、相共着床子、項之內大臣參着仗座奥、、權中納言雅世卿・參議定親卿(中山)左中將・實雅朝臣右中將同參着、職事進仰日時事、大臣移端座、令官人敷軾、次召弁、權右少弁長淳左中弁資親朝臣不參也、進軾、上卿仰日時事、弁退着床子、官勢動座、予不動座、仰官勢、々々召六位史盛久仰之、盛久仰陰陽寮進之、先之、陰陽寮有清朝臣・有藤朝臣・有季三人着腋陣、弁就軾進上卿、次上卿以官人召外記、予參軾、上卿仰云、御元服由、可被立山陵使、例文御硯進之、但仰詞極不覺悟、予稱唯退持參例文、入筥、古定文一卷立籤、五位已上歷名帳一卷、土代折帋一枚入之、上卿置笏一々披見之、了取笏被氣色、予指退、次六位宗種置硯續帋一枚入之於參議座、次上卿令參議定親卿書定文、參議書

山階使深草陵
泉涌寺陵

了被進上卿、但兼書儲懐中被取替之、次上卿日時并定文等、入一莒例文莒也、以職事　奏聞、即被返下、次上卿以官人召外記、予参軾、上卿被下例文莒、日時并定文入之、予賜之、不結申退出、次上卿召内記、少内記盛久大内記不参参軾、仰　宣命事、此間外記撤御硯了、盛久退持参草、上卿以職事　奏聞、被返下之後召清書、奏聞歟、次上卿以使々賜　宣命於使々、山階権中納言雅世卿、次官大膳権大夫大江通重・深草参議藤原定親卿、次官散位源基清・泉涌寺参議藤原實雅朝臣、次官前美乃守三善親衡・泉涌寺公卿・次官同、三卿各賜　宣命、自下臈退座、於宣仁門外賜　宣命於次官了、其後、上卿被起座了、

二條持基出座

今夜攝政殿内々御参、御衣冠也、

足利義教参内不参

今日上卿室町殿可有御参歟之由、兼日有沙汰、然而今夜御不参也、

内侍所御神樂

今夜陣儀了、内侍所御神樂被行之、寮役如例、

今日祿物砂金代、二千七百疋到来了、

歳末・年始、寮役料足殘千六百疋到来了、先日八百疋被下行了、

持明院基秀還任

廿六日、辛亥、晴、今日園前中納言(持明院基秀)還任　宣下到来、為御元服上壽也、

住吉社木作始日時定

今日住吉社木作始日時定也、上卿葉室中納言宗豊卿・右少弁重政職事兼行歟、兼日頭弁奉行也・六位史盛久・陰陽寮一人名字可尋等参陣也、

御元服裝束始習禮

今日攝政殿、被召文章博士長鄉（高辻）朝臣於御直廬、被仰御元服式事云々、

廿八日、癸丑、晴、今日御元服御裝束始御習礼也、秉燭之時分參陣、先之官勢參陣、奉仕南殿御裝束事、亥剋許左大臣殿御參、直令着仗座〔端〕給、不經床子座給、万里小路大納言時房卿・日野中納言兼鄉卿・左大弁宰相清房卿等同參着、職事藏人權右少弁長淳就軾、申南殿御裝束了之由歟、左大臣殿令起仗座、給先之公卿起座、令仗座參殿上給、御着座殿上歟、其後、令參南殿給、御裝束御巡撿也、攝政殿〔同〕御巡撿、其儀如例歟、其後、又御歸着仗座、三卿同之、次職事權弁就軾、下申御元服式、次以官人召外記、予參軾、揖膝行、被下式、予置笏於地賜之、取副笏揖逆行退了、次大臣令起仗座給、先公卿自下臈退、直御退出、

今夜左中弁參歟、不着床子、六位史盛久參之、當局六位不參、依無所役也、

今日御裝束南殿北庇分弘〔當寮役〕莚敷之、四ヶ間分、其外草贄・簀薦許進之、其外ハ今日不入、

足利義教習禮
二條持基出座

今日、又於室町殿有御習礼、攝政殿御座也、

室町殿自日野中納言亭御出立也、

御元服諸入費出される

卅日、乙卯、晴、今日御元服御訪等被下之、傳奏賜折紙、付奉行〔武家〕了、予分五百疋、六位分二百疋、召使百疋、外記使部二人百疋、大舍人五十疋、已上被載一紙了、

至徳、奉行外記千疋、六位五百疋也、減少以外也、

追儺、上卿勧修寺中納言・奉行権弁・外記宗種等参陣云々、諸衛可尋、六位藏人云々、

〔第七巻永享四年紙背文書〕

(一)自正月一日至同五日裏

○折紙

乏少候へとも進之候、
すのもち　一
かうみ　十
こき　三く
粁足二貫文
たい　一かけ

(二)自二月一日至同九日裏

青僧はこれに候、早〻御同道候可候よし、申候可候、かしく、

「――――　御返事」

(三)自二月十七日至三月四日裏

又なにゝても候へ、御ふしか□〔サカ〕ほしく候へく候、いそき候はすとも、ほしく候可候、

文くはしくみまいらせられ候、うけ給候事とも、□□て候ふしうれしく候へく候、そめ物の事うけ給候、けふあすに入候物にて候やらん、いそき候はすとも、見候はゝ、御さうをかけ給候、めてたく候て、まいらせ候へく候、十日の文は、（以下闕文）

(四)自三月四日至同十七日裏

又來廿二日御時は不定給哉、

此間、又恐欝候、何様近日可參申候、兼又墨笠事取候らん方より料足進候らん、于今忩唐笠を御あつらゐ候て可給候、此間、連日雨にはたと闕事候式にて候、もとの直物はかりにては、可不足候へは、又いか程にても遣候ハん事ハ、覺悟前候、それ程御煩にて候ハすは、返々可湲候、可被懸御意候哉、早々伺候者、仰付られ候て可給候、上御靈なと御參詣次候ハ、、相構期御尋候、恐々謹言、

正月廿日

□□（貝　光カ）

梅薫風　江上霞　行路極　遠歸鴈　浦春月　禁中花　惜《尋》落花　籬欸冬　松上藤　惜暮春

初《再》逢戀　浚朝戀　絶久戀　忍我戀　不逢戀　曉懷舊《述懐》　獨懷舊　山家松　曉旅行　寄日

祝　旅泊夢　（以上の記は冒頭から行間に記されてゐる。）

（表書）「────　（中原師郷）正親町殿　（貝　光カ）□□」

(五)自三月廿日至四月廿日裏

みしゆく二十首のふんまいらせられ候、題をあそはされ候て、まいらせられ候へく候、氣・戀・雑にて、たそ候はんすらめとおほしめし候よし、中候へく候、かしく、

「――――大外記(中原師郷)とのへ」

(六)自五月廿日至六月五日裏
高倉永藤書状

乏少候へとも、左茶十袋まいらせ候、事々期面候、恐々謹言、

三月十二日　常充(高倉永藤)

「(表書)――　三条大外記(中原師郷)殿　常充」

(七)自六月十一日至同　廿四日裏
中原師世書状

恩問承悦候、彼書写之物、計會此事候、御辛労奉察候、就其、すきけ慥返進之候、自是可進候之處、はたと〳〵令忘却、于今遅々、爲恐候、昨日、自飛鳥井(雅世)も送給候ツ、尚々恩借不知所謝候、期参謝候、恐々謹言、

六月五日　師世(中原)

「(表書)――――　師世」

(八)自六月四日至同卅日裏
中原師勝書狀
釋奠記一巻返却

如仰、先日不存寄參會、本望此事候、眞實難忘候、其子細、尚以拜謁可申承候、兼者尺(釋)奠記一巻返給候了、別而不忩存候ツ、早ゝ返給候、恐悦候、將又いつそや申請候し臨時 宣下以下、彼是三迠付〔由〕被御使令返進候、詠無沙汰之至、其恐不少候、又此間臨時 宣下等、何様申請候て可写給候、他事期面拜候、恐ゝ謹言、

三月一日 (中原)師勝

(表書)「―――― 師勝」

(九)自七月十日至同廿五日裏
高倉永豊書狀

尚ゝ、にとの事と存て候へは、久しく候ほと、にか〱しく存候、
又八朔重寶拜領、令祝着候、如何様重寶を秘計仕候て可進候、比興〱、

其後者、又恐欝可極候、御違例いかゝ御座候哉、無心元存候、定ハや御取直にてそと存候、能ゝ御養性(生)候て、早ゝ可有御入候、近日御出頭候ハんするやらん、いまたそれほとに御取直も候はぬ哉、委細承候はゝ可喜入候、久しく御目にかゝり候ハて、毎事御床敷存候、事ゝ期面拜候、恐ゝ謹言、

八月八日 (高倉)永豊

(十)七月廿五日裏
祐靜書狀

昨日預御札候、物詣子細候、卽不能御請候、重而御使恐悅候、彼御年貢之事、未到來候、
何樣近年催促候て、可令進候、每事期面拜之時候、恐〻謹言、

十月六日　祐靜

御返報

(十一)自七月廿六日至八月廿七日裏
年中二度昇進例

年中に二度昇進の例、當家の御不審事候、此家君さま(三條公冬)寶幢寺供養(應永廿七年)のとし、大將と大臣と同
年に候しと御覺候、いかゝ候やらん、月日不分明候、そと注進候へく候、又故相國(德大寺公俊)大納言
以後の御昇進不被注參候、
それ以後はし同年の御昇進、二度例候哉らん、きと注進候へく候、悅おほしめし候へく候
也、ちと御不審事候程に、夜陰こと〳〵しきやうに候へとも、申まいらせ候よし、申候へ
く候、あなかしく、

「＝＝」
大外記(中原師鄕)とのへ」

(三)自八月十五日至九月九日裏

昨日例年御參行の事催候儀者、御存しやのよし被仰て候へは、被載狀て給候へと申〔中〕候、仍文意如此候へきやらん、只今被遣候へく候、かしく、

(表書)「大外記とのへ」

(圭)自九月九日至十月一日裏
中原師勝書狀

如仰其後拜謁中絶、旁恐欝無極存候、此邊可罷立候条勿論候間、計會中々無是非候、いまた不相〔被〕觸候、御座邊はよもと存候へは、さてハ其情形勢御覽、御心くるしきと察申候、先日小嶋殿之御尋之折節罷出候て、不入見參候、于今恐恨候、其子細もふと參候て可申之由存候處、此間旁取執事等候之間乍存候ツ、猶々周章眞實過賢察候、態々御札恐悦候、可參申承候、恐々謹言、

八月十九日　　　師勝

(亖)十月廿六・廿八日裏
清原業忠書狀
釋奠

誠間闊無極候之処、御札拜悦候、御痢病驚存候、可有御養生候、兼又、尺〔釋〕奠上丁必之由承候、悅入候、堂監事可申衞候、不可有子細候、意緒期奉謁候、恐々謹言、

八月四日　　　(清原)業忠

（表書）「――――――――　業忠」

（十五）自十一月一日 至同 廿四日 裏
中原師世書状

又御唐笠事奉憑候、若雨降候者、直可申請候、
誠今朝光臨恐悦無極候、除目纒頭過御察候、兼又、明經內官年擧并御寮　奏等慥ニ給候了、
可得其意候、勸學院年擧只今到來候了、御入魂肝要候、今日相構ヽ有御見物、可有御立志
□□所候、事ヽ期面拜候、恐ヽ謹言、
三月十二日　師世

（表書）「――――――――　師世」

（十六）自十一月廿四日 至十二月 五日 裏
小槻周枝書状

無其儀候之間、無御
心元存候處、只今
御音信本望喜入候、
乏少候へとも、
八木二斗進入候也、
誠此間連ヽ參申承候、本

猶々乏少之至
望候、昨朝參申度候しかとも、
憚入候、事々期會候、
餘寒候者進入候了、彼一通殊に
恐々謹言、十一月十五日、周枝
うつくしく出來候之間、悅喜仕候了、
又南都御下向御浦〔山脫カ〕しく存候、
則持向候て取替候了、目出候、申談候
御拜賀來月九日之由、昨日
方へ罷向候了、見參し候て、則昨日
万〔萬里小路時房〕大被申候了、如此承候、喜入候、
彼方へ罷出事候之間、可物語之
由、申候之間、悅喜候、其子細
申候はんとて參申候了、御留守之時分、
御方へ申候了、如此承候、喜入候、
又昨夕御使給候へと申候處、

○以下冒頭に續く、

（表書）
「――――

周枝〔小槻〕」

㈦十二月八・九日裏 清原業忠書状

沓慥返給候、御用之時可□承候、

一昨日之儀、誠珍重候、就　宣旨御持參御祝着察申候、彼兩度定文并日時勘文事、新撰可
進候、於正文難有之候、諸事期面賀候、恐々謹言、
十二月十一日　業忠
（表書）「――――　業忠」

(十八)十二月九日裏　中原師郷書狀　清原業忠勘返狀

無僕計候き、如此者候哉、
今朝令申候六位事、（御狀之趣申遣候了、）被仰遣候哉、（定今夕候哉之由）任大將陣儀、（□答候了、只今參陣可爲如何候哉、岡崎辺可立寄候之由申候、）只今可被行、三﨟外史出立所御存知候者、
忩々可被仰遣候、（不參又可爲何事候哉）只今室町殿へ參候樣計會仕候、（御計會察申候、）尚々忩々被仰遣之恐悅候、恐々謹言、
十二月九日　師郷（業忠）
（表書）「業忠」

(十九)十二月九日裏　源信直書狀

自本所葱靑一荷被進候之由、內々可申旨候、恐々謹言、
十二月十二日　（源）信直

(二十)十二月十五日裏

今日牛車　宣下候、珍重存候、

中原師勝書状

玉帯并笏付御使進借候、今日御出仕目出候、御纓頭奉察候、他事期面拝候、恐〻謹言、

十二月九日　師勝

(廿一)十二月十九日裏

神今食卜合公卿折紙一枚進上之候、任例可有申御沙汰（書反故）

(廿二)十二月廿一日裏
中原師郷書状
歳末年始料足

請取申　歳末・年始掃部寮役粁足事、

合貳千四百疋者、

右所請取申如件、

永享四年十二月十九日　師郷（花押）

(廿三)十二月廿九日裏
清原業忠書状
神宮定文

此一冊、早〻可返給候、

定文随撰出一通写進候、又奉幣之時、神祇官北門五位外記着座事、無其儀候歟、一冊借進候、為御了簡候次第、頭弁（甘露寺忠長）被借用候間、只今不進候、無念候、恐〻謹言、

十二月十三日　業忠

（表書）「業忠」

昭和六十年正月十日　印刷
昭和六十年正月二十日　発行

史料纂集 ⑦⓪
師郷記 第一

校訂 藤井貞文
小林花子

発行者 太田ぜん

製版所 続群書類従完成会製版部

印刷所 東京都豊島区南大塚二丁目三五番七号
株式会社 平文社

発行所 東京都豊島区北大塚一丁目一四番六号
株式会社 続群書類従完成会
電話＝東京(915)五六二七　振替＝東京二―六二六〇七

史料纂集既刊書目一覧表

古記録編

配本回数	書名	巻数
①	山科家礼記	1
②	師守記	1
③	公衡公記	1
④	山科家礼記	2
⑤	師守記	2
⑥	隆光僧正日記	1
⑦	公衡公記	2
⑧	言国卿記	1
⑨	師守記	3
⑩	教言卿記	1
⑪	隆光僧正日記	2
⑫	舜旧記	1
⑬	隆光僧正日記	3
⑭	山科家礼記	3
⑮	師守記	4
⑯	葉黄記	1
⑰	経覚私要鈔	1
⑱	明月記	1
⑲	兼見卿記	1
⑳	教言卿記	2
㉑	師守記	5
㉒	山科家礼記	4
㉓	北野社家日記	1
㉔	北野社家日記	2
㉕	師守記	6
㉖	十輪院内府記	全
㉗	北野社家日記	3
㉘	経覚私要鈔	2
㉙	兼宣公記	1
㉚	元長卿記	全
㉛	北野社家日記	4
㉜	舜旧記	2
㉝	北野社家日記	5
㉞	園太暦	5
㉟	山科家礼記	5
㊱	北野社家日記	6
㊲	師守記	7
㊳	教言卿記	3
㊴	吏部王記	全
㊵	師守記	8
㊶	公衡公記	3
㊷	経覚私要鈔	3
㊸	言国卿記	2
㊹	師守記	9
㊺	三藐院記	全
㊻	言国卿記	3
㊼	兼見卿記	2
㊽	義演准后日記	1
㊾	師守記	10
㊿	本源自性院記	全
51	舜旧記	3
52	台記	1
53	言国卿記	4
54	経覚私要鈔	4
55	言国卿記	5
56	言国卿記	6
57	権記	1
58	公衡公記	4
59	舜旧記	4
60	慶長日件録	1
61	三箇院家抄	1
62	花園天皇宸記	1
63	師守記	11
64	舜旧記	5
65	義演准后日記	2
66	花園天皇宸記	2
67	三箇院家抄	2
68	妙法院日次記	1
69	言国卿記	7

古文書編

①	熊野那智大社文書	1
②	熊野那智大社文書	2
③	言継卿記紙背文書	1
④	西福寺文書	全
⑤	熊野那智大社文書	3
⑥	青方文書	1
⑦	五条家文書	全
⑧	青方文書	2
⑨	熊野那智大社文書	4
⑩	熊野那智大社文書	5
⑪	気多神社文書	1
⑫	朽木文書	1
⑬	相馬文書	全
⑭	気多神社文書	2
⑮	朽木文書	2
⑯	大樹寺文書	全
⑰	飯野八幡宮文書	全
⑱	気多神社文書	3

師郷記 第1

史料纂集 古記録編〔第70回配本〕
〔オンデマンド版〕

2014年1月30日　初版第一刷発行　　定価（本体8,000円＋税）
校訂　藤　井　貞　文
小　林　花　子
発行所　株式会社　八木書店　古書出版部
代表 八　木　乾　二
〒101-0052 東京都千代田区神田小川町3-8
電話 03-3291-2969（編集）-6300（FAX）
発売元　株式会社　八　木　書　店
〒101-0052 東京都千代田区神田小川町3-8
電話 03-3291-2961（営業）-6300（FAX）
http://www.books-yagi.co.jp/pub/
E-mail pub@books-yagi.co.jp
印刷・製本　（株）デジタルパブリッシングサービス
ISBN978-4-8406-3309-3　　AI342